그래서 마케팅에도 심리학이 필요합니다

그래서 마케팅에도 심리학이 필요합니다

초판 1쇄 발행 2022년 11월 30일
초판 3쇄 발행 2024년 8월 20일

지은이 진변석 · 김종선

펴낸이 박세현
펴낸곳 팬덤북스

기획 편집 곽병완
디자인 김민주
마케팅 전창열
SNS 홍보 신현아

주소 (우)14557 경기도 부천시 조마루로 385번길 92 부천테크노밸리유1센터 1110호

전화 070-8821-4312 | **팩스** 02-6008-4318
이메일 fandombooks@naver.com
블로그 http://blog.naver.com/fandombooks

출판등록 2009년 7월 9일(제386-251002009000081호)

ISBN 979-11-6169-227-2 03320

그래서 마케팅에도 심리학이 필요합니다

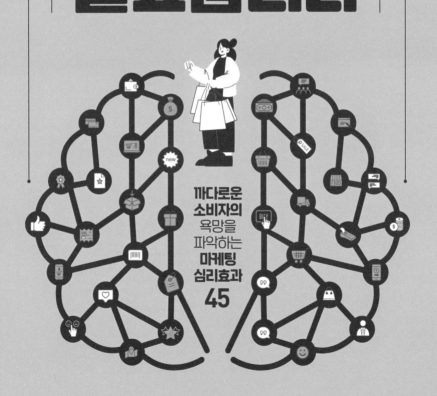

까다로운
소비자의
욕망을
파악하는
마케팅
심리효과
45

팬덤북스

그래서 마케팅에도
심리학이 필요합니다!

사람은 합리적이다? 적어도 경제학에서는 그렇게 생각한다. 그래서 소비자들은 자신이 어떤 상품이나 재화에서 얻게 되는 효용을 극대화하는 경제적 선택을 한다고 생각한다. 그런데 이처럼 합리적인(?) 소비자의 선택에 심리적 착각과 오류, 그리고 충동으로 가득하다면 어떻게 될까? 한편, 소비자 스스로가 결정한 선택이 오히려 외부적 요인에 의해 좌우된 것이라면, 그 선택은 과연 소비자의 자율의지에 따른 결정이라고 할 수 있을까?

그렇다면 도대체 왜 사람들은 많은 정보를 효과적으로 활용하여, 보다 정확한 의사결정을 내리지 못하고 오히려 부정확하거나 비합리적인 의사결정을 내리게 되는 것일까? 우리는 행동경제학에서 지속적으로 주장하고 있는 사람의 비합리적인 심리 속성에서 그 이유를 찾을 수 있다. 매 순간 직면하는 다양한 의사결정 과정에서 지금 이

순간 당신은 충분한 지식을 바탕으로 의사결정을 했는지, 혹시 지식 착각에 빠져 섣불리 의사결정을 하고 있는 것은 아닌지 생각해봐야 하지 않을까?

사실 사람의 행동은 겉으로 드러나는 것이 전부가 아니다. 일상생활에서 우리가 얼마나 생각과 다른 행동을 하고 있는지를 떠올려 보자. 직장이나 학교, 혹은 가족 등 다양한 사회생활을 하면서 마음에 들지 않았지만, 만족스러운 것처럼 반응한 경우는 없었는지, 친절한 태도를 보였지만 정작 속으로는 불같이 화가 났던 경우는 없었는지를 말이다.

사람의 마음을 잘 읽고 해석하는 것은 아무리 강조해도 지나치지 않은 것이다. 마케팅 분야 역시 마찬가지이다. 어떤 형태가 되었든 사람들은 시장에서 소비자가 된다. 마케터도 최종적으로는 소비를 하는 소비자라는 데에는 이론의 여지가 없다. 그런데도 마케터들은 끊임없이 소비자들의 심리를 읽고 자신들이 원하는 방향으로 소비자들의 지갑을 열기 위해 애쓴다. 재밌지 않은가!

우리는 현명한 소비자가 되자는 거창한 구호를 앞세우고 싶은 마음은 추호도 없다. 그저 가볍게 책장을 술술 넘기면서 '나는 어떤 비합리적인 선택을 했을까?'라는 생각을 할 수 있는 작은 계기가 된다면 그것으로 충분하다고 생각한다. 그래서 우리는 이 책의 제목을《그래서 마케팅에도 심리학이 필요합니다》로 정했다. 아주 깊은 학문적 이슈가 아닌 가벼운 마음으로 다양한 연구들이 밝혀낸 사람의 마음이 얼마나 비합리적일 수 있는지를 전달하려고 했다.

결론적으로 이 책은 사람의 다양한 심리효과를 여러 사례를 통해 냉철하게 분석하면서, 기업에게는 변덕스럽고 까다로운 소비자들을 공략할 수 있는 효율적인 마케팅 전략을, 소비자에게는 보다 합리적인 소비에 대한 지침을 제시하고 있다.

2022년 11월

진변석 · 김종선

목차

프롤로그   그래서 마케팅에도 심리학이 필요합니다   5

EFFECT 1   기대를 해도 좋다? 아니 기대해야만 한다 _피그말리온 효과   10

EFFECT 2   부정적인 낙인을 찍다 _스티그마 효과   15

EFFECT 3   좋은 낙인도 있다 _라벨링 효과   20

EFFECT 4   왜 따라하지? _밴드왜건 효과   24

EFFECT 5   속물처럼 행동하는 현상 _스놉 효과   29

EFFECT 6   가짜라도 효과를 볼 수 있다? _플라시보 효과   33

EFFECT 7   경기가 안 좋은데 립스틱이 잘 팔리는 이유 _립스틱 효과   37

EFFECT 8   애증이 교차하는 것도 나쁘지 않다? _프레너미 관계   40

EFFECT 9   믿음에 위배되는 정보를 접하다 _인지부조화   44

EFFECT 10   착각을 불러일으켜 이익을 얻는다! _엠부시 마케팅   50

EFFECT 11   원 플러스 원을 하는 이유는? _보고 마케팅   55

EFFECT 12   나는 정말 충분한 지식을 갖고 있을까? _지식착각 현상   58

EFFECT 13   환경을 통제할 수 있다는 근자감 _통제력 착각   62

EFFECT 14   누구나 자신의 능력을 과대평가할 수 있다 _자기과신   65

EFFECT 15   쉽게 떠오르는 것에 쉽게 휘둘린다 _가용성 휴리스틱   69

EFFECT 16   한 가지만 가지고 전체를 파악할까? _대표성 휴리스틱   74

EFFECT 17   불확실한 사건을 예측할 때 왜 처음에 설정한 기준에
             휘둘릴까? _기존점과 조정   79

EFFECT 18   왜 사람들은 스스로 어떤 틀에 갇혀 있을까? _프레이밍 효과   84

EFFECT 19   사람들은 효용보다 가치를 중시한다 _프로스펙트 이론   88

EFFECT 20   왜 사람들은 다른 사람들을 따라 소비하는 것일까?
             _양떼행동 이론   92

EFFECT 21   왜 사람들은 지출이 되어버린 것에 집착할까? _매몰비용 오류   97

EFFECT 22   사람들은 모두 마음속에 손익계정을 가지고 있다 _심적 회계   101

EFFECT 23   비합리적인 방식으로 손실을 회피하려고 한다 _손실회피행동   108

EFFECT 24   동일한 자산이더라도 현재 자산을 이전 자산보다 높게
평가한다 _보유효과   114

EFFECT 25   체험 후 구입 마케팅 속에 숨겨진 진실 _보유효과 2   119

EFFECT 26   그대로 둬라! 바꾸지 마라! _현상유지 바이어스   123

EFFECT 27   내 생각을 뒷받침해주는 것을 먼저 찾는다 _확증편향   128

EFFECT 28   화폐가치가 불변할 것이라고 믿는다 _화폐착각   132

EFFECT 29   과연 사람들은 사전에 미리 예측할 수 있었을까? _사후확신편향   136

EFFECT 30   사람들의 선호도는 종종 뒤바뀐다 _선호의 역전   140

EFFECT 31   최선보다는 후회를 덜 하는 대안을 선택한다 _후회이론   145

EFFECT 32   맥락에 따라 어떤 일을 추론하고 해석할까? _맥락효과   151

EFFECT 33   새로운 대안이 아닌 기존의 대안을 선택할까? _유인효과   155

EFFECT 34   적당한 조건의 상품이 더 잘 통한다 _타협효과   160

EFFECT 35   적당한 가격에 구입했다는 착각 _타협효과 2   165

EFFECT 36   유사한 것끼리는 하나의 범주에 묶는다 _범주화 효과   170

EFFECT 37   왜 눈앞에 보이는 것보다 눈에 보이지 않는 배경에 더
주목하는가? _후광효과   174

EFFECT 38   왜 사람들은 처음과 마지막에 큰 영향을 받게 되는 것일까?
_초두효과와 최신효과   179

EFFECT 39   틀린 것이라도 남들이 옳다고 하면 옳다고 받아들인다 _아쉬 효과   184

EFFECT 40   적극적이냐 소극적이냐를 단지 성격의 문제로 치부해버리면
안 되는 이유 _자기조절초점   188

EFFECT 41   왜 미래의 큰 이익보다 당장의 조그만 이익에 더 반응할까?
_근시안적 의사결정   194

EFFECT 42   물 한 방울이 큰 강을 만드는 효과를 부른다 _마중물 효과   199

EFFECT 43   사람들은 시간선호에 있어 일관성이 없다! _미래할인 효과   204

EFFECT 44   욕망이 소비로 표현된다 _파노플리 효과   209

EFFECT 45   마케팅도 이제는 과학적으로… _뉴로 마케팅   213

참고문헌   218

기대를 해도 좋다?
아니 기대해야만 한다

피그말리온 효과

흔하지는 않지만 학교에서 학생들을 대하다보면 관심과 애정을 더 쏟아붓게 되는 학생이 생기곤 한다. 누구를 차별해서 그런 것이 아니라 왠지 모르게 신경 쓰이는 학생이 있기 마련이다. 그런데 이상하게도 그렇게 신경 쓰고 관심을 갖는 학생일수록 내가 가르치는 과목의 성적이 같은 과목을 수강하는 다른 학생들에 비해 높게 나타나는 경우가 의외로 있다. 특별히 시험점수를 배려한 것도 아니고, 그렇다고 따로 더 가르친 것도 아닌데, 그런 현상이 나타나는 것이다. 물론 그 학생들을 볼 때마다 나도 모르게 혼자 이런 생각을 하기는 한다. "이

과목에서 좋은 성적을 받을 것 같은데… 수업에 충실하니까 당연히 그렇겠지." 그러나 내가 그렇게 기대를 한다고 해서 과연 그 학생들이 좋은 성적을 얻을 수 있을까? 다시 말해, '학생에 대한 나의 긍정적 기대 = 그 학생의 좋은 성적'이라는 공식이 성립할 수 있을까?

교육심리학에 따르면 충분히 그런 현상이 발생할 수 있다. 그리고 그런 현상을 가리켜 피그말리온 효과라고 부른다. 그렇다면 피그말리온 효과는 구체적으로 어떤 것을 말하는 것일까? 피그말리온 효과는 그리스 로마 신화에 나오는 피그말리온이라는 왕에서 유래되었다.

그리스 로마 신화에서 피그말리온은 키프로스의 왕이었다. 그런데 그는 독신이었다. 왕임에도 불구하고 자기나라 여인들을 싫어해 독신으로 사는 길을 선택했기 때문이다. 그리스 신화에 따르면 피그

수업 중인 중국 학생의 모습

자료 : 픽사베이

말리온 왕이 자신이 통치하는 키프로스 여인들을 싫어한 이유는_{비록 아}
프로디테의 저주 때문이기는 했지만 여인들의 방탕한 삶 때문이었다. 결혼 대신
피그말리온이 선택한 것은 상아로 아름다운 여인을 조각해 함께 생
활하는 것이었다. 피그말리온은 진정으로 자신이 조각한 조각상을 사
랑했다. 그러던 차에 미의 여신 아프로디테의 축일이 다가왔다. 그때
피그말리온은 신에게 제물을 바치면서 소원을 빌게 된다. 자신이 사
랑하는 조각상이 진짜 사람이 되게 해달라는 소원을…. 그리고 피그
말리온이 집에 돌아왔을 때 미의 여신 아프로디테가 그의 지고지순
한 사랑에 감동해 그의 소원을 들어준 것을 알게 된다. 자신의 그토록
사랑해마지 않았던 조각상이 드디어 자신의 소원대로 아름다운 여인
으로 변했고 그는 사람으로 변한 조각상과 결혼하게 된다.

그렇다면 고대 그리스 로마 신화에서 피그말리온왕의 사례는 어
떻게 사람에 대한 긍정적 기대나 믿음, 예측이 실제로 현실화되는 경
향을 의미하는 피그말리온 효과와 연결되는 것일까? 피그말리온은
'자신이 조각한 조각상을 실제 사람처럼 사랑하고 그 조각상이 사람
이 되었으면 좋겠다.'는 기대를 품고 있었다. 이 같은 바람은 피그말
리온 효과에서 말하는 긍정적 기대 혹은 믿음에 해당된다. 또한 자신
이 조각한 조각상은 피그말리온의 기대내지는 믿음대로 아름다운 여
인이 된다. 이는 결국 기대가 현실화되었다는 것을 의미한다. 이것이
바로 '어떤 사람에 대한 긍정적 기대나 믿음 혹은 예측과 같은 것들이
실제로 어떤 사람을 그렇게 만드는 현상'을 피그말리온 효과로 명명
한 이유다.

한편, 피그말리온 효과는 로젠탈 효과로 불리기도 한다. 로젠탈 Rosenthal · 제이콥슨Jacobson[1]의 실험은 피그말리온 효과를 교육과 연결해 의미 있는 결과들을 도출해냈다. 1946년 샌프란시스코의 한 초등학교에서 전교생을 대상으로 지능검사를 실시했는데, 전체 학생들 중 20%의 학생들을 무작위로 뽑아 교사들에게 명단을 주었다. 단, 이 아이들이 지능지수가 굉장히 높기 때문에 공부를 잘 할 것이라는 정보를 함께 전달했는데, 사실 그 아이들은 일반 아이들과 지능지수가 비슷했다. 시간이 흘러 8개월 후 다시 실시된 지능검사 결과는 어땠을까? 놀랍게도 평범했던 아이들은 지능지수뿐만 아니라 성적 또한 크게 향상되었다.

로젠탈 · 제이콥슨의 연구는 교사의 학생들에 대한 긍정적 기대, 믿음이 학생의 성적향상에 실제로 영향을 줄 수 있음을 보였다. 다시 말해 '기대한 대로 이루어진다.'는 것이다. 또한 학생들도 이 기대에 부응하기 위해 열심히 했기 때문에 이러한 결과를 만든 것이 아닐까? 그런데 여기서 한 가지 짚고 넘어가야 할 것이 있다. 피그말리온 효과가 가능한 이유는 A라는 사람이 B라는 사람에게 어떤 기대나 믿음을 갖게 될 경우 단지 기대나 믿음을 갖고 있는 데 그치지 않고, 자신이 갖고 있는 기대나 믿음을 상대방에게 전달되도록 영향을 줌으로써 가능하다는 점이다.

에덴Eden[2]은 기대 자체만으로 피그말리온 효과가 나타나는 것은 아니라고 주장했다. 그는 상호작용과정에서 기대를 표출하고 상대방이 그 기대를 지각하게 되고 또한 그것을 성취하기 위해 행동하기 때문에 피그말리온 효과라는 결과가 가능하다고 주장했다. 한규석[3]의 주장도 에덴의 그것과 동일하다. 그에 따르면, 피그말리온 효과란 '상대방에 대해 자신이 가지고 있는 기대나 선입견을 직간접적으로 상대방에게 영향을 미침으로써 상대방이 그 기대에 부응하는 행동을 하고 그것을 통해 자신이 기대했던 바가 성취되는 현상'을 의미한다. 결국 기업이 자신들의 상품이나 서비스를 소비자들에게 긍정적으로 포지셔닝할 때, 소비자들에게 긍정적인 기대와 인식을 심어줄 수 있는 마케팅 전략을 구사한다면, 소비자는 자연스럽게 기업이 기대하는 대로 결과를 얻을 수 있을 것이다.

부정적인 낙인을 찍다

스티그마 효과

피그말리온 효과와 반대되는 개념으로 스티그마 효과낙인효과를 들 수 있다. 낙인이라는 단어는 어떤 의미를 갖고 있을까? 아마도 사전적 정의를 통해 어느 정도는 파악이 가능할 듯하다.

낙인(명사) 1. 쇠붙이로 만들어 불에 달구어 찍는 도장. 목재나 기구, 가축 따위에 주로 찍고 예전에는 형벌로 죄인의 몸에 찍는 일도 있었다. '불도장'으로 순화

2. 다시 씻기 어려운 불명예스럽고 욕된 판정이나 평판을 이르는 말

낙인의 사전적 정의를 살펴보면, 일단 낙인이라는 단어 자체가 주는 느낌이 상당히 어둡다는 것을 알 수 있다. 가축이나 죄인의 몸에 불로 달군 쇠붙이로 자신의 소유라는 표시를 하고, 죄인이라는 표시를 하기 위해 사용된 것이 낙인인 이상 그 의미 자체가 지극히 비인간적일 수밖에 없지 않을까.

낙인은 어떤 대상이 자신의 소유임을 밝히거나 무엇인가를 알리기 위한 표시의 수단으로 사용되는 것 외의 다른 개념적 용도로도 사용된다. 그렇다면 눈에 보이는 표시 용도가 아닌 즉, 물리적이고 실체적 용도가 아닌 또 다른 낙인의 개념적 용도는 무엇일까? 바로 심리학에서 사용되는 낙인이 그것이다. 그리고 이때 사용되는 낙인은 보통 낙인효과 혹은 스티그마stigma 효과라는 이름과 동일한 의미로 사

낙인 도구

용되곤 한다. 다음은 스티그마의 사전적 정의이다. 이를 통해 낙인효과의 개념을 개략적으로 추론할 수 있다.

stigma 1. 오명, 치욕, 오점

      2. [의학] (병의) 증후, 증상; (피부의) 붉은 반점

      3. [해부·동물] 반점(斑點), 흉터; (곤충류·거미류의) 기공(氣孔), 기문(氣門)

      4. [식물] 주두(柱頭)

      5. [가톨릭] [stigmata] 성흔(聖痕, 성 프란체스코를 비롯한 성도들의 신체에 나타났다고 하는 십자가에 못 박힌 그리스도의 상처와 같은 모양의 것)

      6. (노예·죄수 등에게) 찍은 낙인

스티그마의 사전적 정의를 통해 알 수 있듯이 낙인은 부정적인 의미를 갖는다. 고프먼Goffman[4]에 따르면, 낙인이란 '사회의 부정적인 평가를 예상함에 따라 야기되는 사회적 배척이나 거부, 비난과 같은 개인적 평가절하를 경험하는 것'이다. 즉, 낙인은 '어떤 사람이나 집단에 대한 편견이 있을 경우 그 사람이나 집단을 대상으로 하는 부당하고 부정적인 내용을 담은 표식'이라고 할 수 있다. 또한 이 표식을 기초로 특정 개인 혹은 집단이 소외되거나 배척받는 현상을 가리켜 '낙인찍기', '낙인화' 등으로 정의되고 있다.[5]

결국 낙인은 어떤 상태나 조건 하에서 붙여지는 일종의 표시 혹

은 표식인데, 문제는 이러한 표시나 표식이 붙은 개인들이 다른 사람들이나 사회, 집단으로부터 부당한 대우를 받거나 배척을 당하게 된다는 데 있다. 다른 사람들로부터, 자신이 속한 집단이나 사회로부터 부당한 대우를 받거나 배척을 당하게 되는 개인은 어떤 상황에 처하게 될까? 열등감, 모멸감, 수치심, 죄의식 등을 갖게 되는 것은 물론 부정적인 자아상 형성, 사회정체성 약화에 따른 집단 혹은 사회 내에서의 소외 현상을 경험하게 될 것이다. 그뿐만이 아니다. 낙인은 사회적으로 더 수용할 수 없는 방향으로 사람들의 행동을 유도하는 부정적 효과까지 있다.

이 같은 부정적 효과는 우리에게 친숙한 기업에서도 찾아볼 수 있다. 기업에 있어 브랜드 관리는 매우 중요하다. 소비자들에게 기업이나 브랜드가 어떻게 인식되느냐에 따라 경영성과에 큰 영향을 미치기 때문이다.

대표적인 사례로 '미스터 피자'가 있다. 미스터 피자라는 이름과 연상되는 단어는 무엇일까? 아마도 '갑질'이라는 단어일 것이다. 실제로 오너 리스크가 기업과 브랜드에 큰 영향을 준 사례였는데, 아직까지 '미스터피자'는 스티그마 효과로 인해 과거의 명성을 되찾지 못하고 있다.

또 다른 사례로 남양유업을 들 수 있다. 미스터 피자의 경우처럼 '갑질', '코로나' 등이 먼저 연상되는 경우이다. 10여 년 전 대리점 갑질 사태에 따른 스티그마 효과로 인해 기업가치가 폭락한 바 있고, 2021년에는 '불가리스'가 코로나19에 효과가 있다는 광고가 식품표

시광고법 위반으로 판명돼 2개월 영업정지 행정처분을 받았다. 이 사건으로 소비자들은 '남양'이라는 기업에 대해 더 부정적으로 생각하게 되었다.

이 두 사례의 경우처럼 스티그마 효과는 기업에 상당한 영향을 준다. 마케팅이 소비자의 마음을 사는 것이고 그 출발이 소비자의 신뢰인 만큼 신뢰를 잃은 기업은 소비자의 마음을 얻기 힘들 것이다.

좋은 낙인도 있다

라벨링 효과

라벨, 라벨은 무엇인가에 붙이는 표시나 표식을 의미한다. 그런데 이 라벨이 종종 사람이나 사람과 관련된 사물들과 연결되곤 한다. 그리고 이때 나타나는 현상을 가리켜 라벨링 효과Labeling effect라고 한다. 낙인효과를 부정적 측면에서의 라벨링 효과라고도 하는데, 여기서 말하는 라벨링 효과는 낙인효과를 의미하는 것은 아니다. 그렇다면 라벨링 효과란 과연 무엇을 말하는 것일까?

라벨링 효과는 크게 사람에 대한 라벨링 효과와 사물에 대한 라벨링 효과로 구분할 수 있다. 사람에 대한 라벨링 효과란 어떤 사람에게 긍정적인 의미의 라벨표시나 표식을 붙이면 긍정적인 반응이나 변화가 나타나고, 부정적인 의미의 라벨표시나 표식을 붙이면 부정적인 반응이나 변화가 나타나는 것을 말한다. 이 가운데 특히 긍정적인 의미의 라벨을 붙이고 그것으로 인해 발생하는 긍정적인 반응이나 변화를 가리켜 라벨링 효과라고 부른다.

"너는 머리가 좋아", "너는 수학에 재능이 있어", "너는 지금보다 훨씬 더 발전할거야", "너는 참 예의가 바르고 공손하구나."와 같은 긍정적인 표현들이 라벨일종의 표시나 표식이 되어 실제로 그 사람을 그렇게 만드는 효과가 바로 사람에게 나타나는 라벨링 효과인 것이다. 한편, 사람이 아닌 대상에도 라벨을 붙임으로써 긍정적인 변화를 기대할 수 있는데 이 또한 라벨링 효과의 하나라고 할 수 있다. 예를 들어, 친환경 제품에 대한 라벨링 효과가 대표적인 경우라고 할 수 있다. 매년 공공기관이나 민간단체들이 친환경 제품을 심사해 우수 친환경 제품을 발표하고 있다. 이를 통해 친환경제품의 생산과 소비 확대를 도모하기 위함이다.

친환경 라벨링은 동종의 제품들에 비해 보다 더 친환경적인 제품에 라벨을 부착하는 것으로 정의할 수 있다. 이런 정의는 2005년 환경부가 환경 라벨링environmental labelling을 '동일 용도의 다른 제품에 비해 환경성과가 우수한 제품을 소비자가 식별과 선택할 수 있도록 도와주는 역할을 하는 정보수단을 의미한다.'라고 규정한 것에서 확인되고 있다. 또한 환경 라벨링은 협의의 환경 라벨링과 광의의 환경 라벨링으로 구분할 수 있다. 협의의 환경 라벨링은 ISO 분류에 따라

Type I제3자 인증, Type II자기주장, Type III정보공개로 분류되고, 광의의 환경 라벨링은 재활용, 에너지절약 등 제품의 특정 측면만을 고려한 단일속성single issue 라벨링, 친환경 농수산물 라벨링 등까지 환경 라벨링의 유형으로 구분할 수 있다.

이처럼 다양한 환경 라벨링을 활용하고 있는 이유는 긍정적인 측면에서의 낙인효과, 즉, 라벨을 붙임으로써 친환경제품에 대한 생산과 소비 증가현상이 나타나고 있기 때문이다. 소비자들은 일반적으로 친환경 라벨이 붙은 제품이 친환경제품이라고 확신하는 경향이 강하다. 라쉬드Rashid[6]의 연구에 따르면, 친환경 라벨에 대한 소비자의 인지, 지식 및 신뢰가 소비자들의 녹색제품 구매의도에 긍정적인 영향을 주는 것으로 나타났다. 라흐바Rahbar · 와히드Wahid[7]의 연구에서도 친환경 라벨과 친환경 브랜드가 소비자들의 친환경 행동에 긍정적인 영향을 주는 것으로 나타났다.

친환경 마크

자료 : 환경마크 홈페이지

한편, 국내 연구들도 해외 연구들과 마찬가지로 친환경 라벨링이 긍정적인 낙인효과를 유발하는 것으로 확인했다. 김광석·정인환[8]의 연구에 따르면, 탄소 라벨 정책이 소비자의 태도에 영향을 주는 것으로 나타났다. 즉, 탄소 라벨과 탄소 라벨을 사용한 기업에 대한 태도가 긍정적이었고 구매행위에도 긍정적인 영향을 주고 있는 것으로 나타난 것이다. 이처럼 산업계와 학계의 연구에서도 라벨링 효과의 긍정성과 효율성은 다양하게 검증되어왔다. 이쯤 되면 라벨링 효과는 낙인효과의 긍정적 버전이라고 인정해도 무방하지 않을까?

왜 따라하지?

밴드왜건 효과

사람은 합리적일까? 적어도 경제학에서는 그렇게 가정한다. 그래서 경제학에서 가정하는 사람소비자은 합리적 소비자들이다. 그리고 합리적 소비자들은 자신이 어떤 상품이나 재화로부터 얻게 되는 효용을 극대화하는 경제적 선택을 하게 된다. 그렇기 때문에 소비자들은 "A라는 사람이 이 재화를 구매했으니 나도 구매해야지", "친구들이 그러는데 이 서비스가 굉장히 좋다고 그러더라고. 그러니까 나도 구매해야겠어."와 같은 형태의 경제적 선택을 하지 않는다고 주장한다. 적어도 경제학에서는 그렇게 가정하고 있다.

그렇다면 과연 사람들은 다른 사람이 어떤 재화나 서비스를 구매했기 때문에 덩달아 그 재화나 서비스를 구매하는 비합리적인 소비에서 자유로운 것일까? 결코 그렇지 않다. 대표적으로 밴드왜건 효과 편승효과를 들 수 있는데, 밴드왜건 효과는 비합리적인 소비를 보여주는 전형적인 현상들로 라이벤스타인Leibenstein[9]에 의해 주창된 네트워크 효과Network effect 가운데 하나이다. 먼저 밴드왜건의 사전적 정의를 살펴보자.

bánd·wàgon n. [미국] (서커스 따위 행렬의 선두의) 악대차; 우세한 세력 사람의 눈을 끄는 것; 유행, 시류.

서커스 차량과 텐트

사전적 정의에 따르면, '밴드왜건'은 군중들의 앞에서 그들을 선도하는 악대차를 의미한다. 오늘날과 같이 볼거리 즐길거리가 충분치 않던 시절 마을에 서커스가 들어와 공연 홍보를 위해 행렬의 맨 앞에서 악대차가 나팔을 불면서 이동하면 군중들이 모여들고, 마을의 어린아이들도 신이나 악대차를 뒤따르는 현상이 발생하곤 했다.

이처럼 아무 생각 없이 남의 행동을 따라하는 현상을 가리켜 라이벤스타인이 '밴드왜건 효과'라고 명명한 것이다. 예를 들어, A라는 사람이 있는데 주변의 친구들이 모두 A가 보기에 예뻐 보이는 귀걸이를 하고 있다고 하자. 그래서 A도 "나도 저 귀걸이를 구매해야지."하고 친구들이 구매한 귀걸이를 꼭 필요하지 않음에도 불구하고 단지 친구들이 구매했다는 이유만으로 무작정 따라서 소비를 하게 된다. 이것이 바로 밴드왜건 효과인 것이다. 즉, 밴드왜건 효과란 다른 사람들이 어떤 제품에 대한 소비를 늘리면 이에 편승해 추가적으로 그 제품에 대한 소비가 늘어나는 현상이라고 정의할 수 있다.

다음 그래프는 밴드왜건 효과를 그래프로 표시한 것이다. 일반재화의 경우 가격이 P_0에서 P_1으로 하락하게 되면 수요량은 Q_1에서 Q_2로 증가하는 모습을 보인다. 그러나 밴드왜건 효과가 있는 경우에는 가격하락과 그에 따른 수요량의 변화가 일반재화의 그것과는 다른 모습을 보이게 된다. 즉, 가격이 P_0에서 P_1으로 하락하면 수요량은 Q_2가 아닌 Q_2^*까지 증가하게 된다. 이때 ①을 정상적인 가격하락효과라고 하고 ②(Q_2~Q_2^*)를 밴드왜건 효과라고 한다.

그렇다면 사람들은 왜 다른 사람들의 소비를 따라하는 것일까? 여러 가지 이유가 있을 수 있겠지만, 대표적인 것으로 시대적인 트렌드를 따라가기 위한 경우, 친구나 동료, 이웃들의 행동을 따라 하고자 하는 경우, 다른 사람들과 동질감을 갖기 위한 경우 등을 들 수 있다.

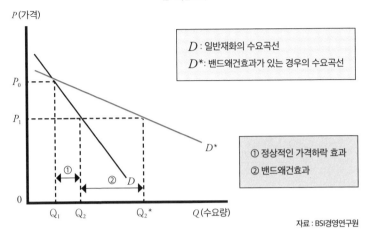

밴드왜건 효과

P (가격)

D : 일반재화의 수요곡선
D^*: 밴드왜건효과가 있는 경우의 수요곡선

P_0

P_1

D^*

① 정상적인 가격하락 효과
② 밴드왜건효과

①

② D

0

Q_1 Q_2 $Q_2{}^*$ Q (수요량)

자료 : BSI경영연구원

사실 밴드왜건 효과는 확고하게 소신이 없거나 결정을 내리지 못하는 사람들에게서 보다 더 빈번하게 발생하곤 한다. 이런 사람들일수록 어떤 의사결정을 내리는 데 있어 보다 더 타인에게 의존하는 경향을 보이기 때문이다.

현대인들은 역사상 그 어느 시대보다 압도적으로 많은 정보들이 범람하는 이른바 정보의 홍수 시대를 살고 있다. 그런데 필요 이상으로 과도한 정보가 주어지게 되면 어떤 것이 보다 나은 것인지 선택하기 어려워지기 마련이다. 이럴수록 사람들은 자기 스스로 객관적 근거에 기초해 의사결정을 하기보다 이른 바 분위기, 대세에 따르려는 경향을 보이게 된다. 오늘날 밴드왜건 효과가 흔하게 발견되는 이유도 바로 여기에 있다.

1970년대 미니스커트의 유행이나 공전의 히트를 기록했던 인

27

기 드라마나 인기 연예인들의 의상 붐은 시대를 관통하는 공통점이 있다. 바로 유행이다. 그렇다면 유행이? 그렇다. 유행은 우리 주위에서 가장 쉽고 가장 빈번하게 표현되는 밴드왜건의 한 양태인 것이다. 당신은 지금 어떤 유행을 따라가기 위해 열심인가? 그렇다면 지금 당신은 밴드왜건 현상의 한 가운데에 있는 것이다.

속물처럼 행동하는 현상

스놉 효과

"남들이 하는 것을 따라하는 것은 정말 싫어!", "나는 나만의 것을 추구할거야!"와 같이 다른 사람과 차별화되기를 추구하는 현상을 가리켜 스놉 효과Snob effect라고 하는데 다른 말로는 속물효과 또는 백로 효과라고도 한다. 스놉 효과는 밴드왜건 효과와 정반대 현상이라고 할 수 있으며, 라이벤스타인이 언급한 네트워크 효과**다른 사람들의 수요가 어떤 사람의 수요에 영향을 미치는 현상을 말함** 가운데 하나이다.

그렇다면 스놉 효과는 어떻게 정의할 수 있을까? 라이벤스타인과 카스타나키스Kastanakis · 발라바니스Balabanis[10]는 스놉 효과를 '특정 소비자들이 다른 많은 사람들이 어떤 제품을 소유하기 시작할 때 그 제품에 대한 구매를 멈추는 현상'이라고 정의하였다. 아마도 대다수의 독자들은 이 정의만으로는 쉽게 스놉 효과를 이해하기 힘들 것이다. 그래서 스놉Snob이라는 단어의 사전적 의미를 살펴볼 필요가 있다.

snob [snab/snɔb] n.① (지위·재산만을 존중하여) 윗사람에게 아첨하고 아랫사람에게 교만한 사람, 신사연 하는 속물; 시큰둥하게 구는〔건방진〕 사람; 〈고어〉 태생〔신분〕이 낮은 사람. ② 파업 파괴자(scab).

그렇다. 이제 스놉 효과를 속물효과라고도 하는 이유를 좀 더 명확하게 이해할 수 있을 것이다. 혹시 아직도 감이 잘 잡히지 않는다면? 좀 더 이해하기 쉽게 설명하면 스놉 효과란 다른 사람들에게 "나는 당신들과 달라!"라는 것을 강조하기 위한 소비를 말한다. 남과 다른 소비를 한다는 것 자체가 문제는 아니다. 그럼에도 불구하고 스놉 효과를 속물효과라고 지칭하는 본질적인 이유는 바로 소비의도 때문이다.

그렇다면 도대체 어떤 소비의도를 갖고 있기 때문에 스놉 효과를 속물효과로 지칭하고 있는 것일까? 소비의도가 남들이 구매하기 어려운 상품에 더 집착하고 더 소비하고자 하는 속물적 근성에 기초하고 있기 때문이다. 다시 말해 스놉 효과는 가격이 비싸고 희소성이 높은 재화나 서비스에 과도하게 집착하는 소비 행태를 의미한다. 다음은 스놉 효과를 그래프로 나타낸 것이다.

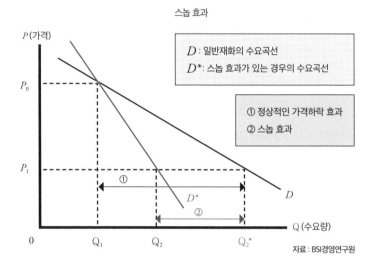

스놉 효과

D : 일반재화의 수요곡선
D^* : 스놉 효과가 있는 경우의 수요곡선

① 정상적인 가격하락 효과
② 스놉 효과

자료 : BSI경영연구원

스놉 효과가 존재하지 않을 경우 가격이 P_0에서 P_1으로 하락하게 되면 수요량은 Q_1에서 Q_2^*로 증가하게 된다. 그러나 스놉 효과가 존재하게 되면 가격이 P_0에서 P_1으로 하락하게 되더라도 수요량은 Q_1에서 Q_2로 증가하는 데 그친다. 이 때 덜 증가된 수요량(Q_2-Q_2^*)이 바로 스놉 효과 때문인 것이다. 우리가 빈번하게 스놉 효과를 발견할 수 있는 대표적인 상품군으로 명품을 들 수 있다.

한 번이라도 명품을 구매해 본 경험이 있거나 혹은 향후 명품을 구매하고자 하는 의사가 있는 사람이라면 아마도 대부분 공감할 것이다. 명품을 구매하고 이를 사용하면서 알 수 없는 우월감을 갖게 된다는 것을. 그래서 명품을 구매하기 원하고, 구매하고 있다는 것을.
스놉 효과는 전형적인 비합리적 소비에 해당된다. 재화나 서비스의
소비에 따라 예상되는 효용이나 만족에 기초해 소비를 하지 않고, 오
로지 내가 다른 사람들보다 얼마나 잘난 사람인지 그 차이를 금전적
인 측면에서 과시하기 위해 소비를 하기 때문이다.

주위에서 청소년들이 "나도 저런 옷을 입어야지.", "저런 노트북 나
도 갖고 싶어.", "아이폰 갖고 싶어."와 같은 말을 하는 것을 어렵지 않
게 접할 수 있을 것이다. 이러한 표현들은 모두 남을 따라서 하고 싶
은 경우밴드왜건 효과 혹은 남과 다른 무엇인가를 과시하고 싶은 경우스놉
효과에 모두 사용 가능한 표현이다. 여기서 한 가지 궁금증이 생긴다.
과연 청소년들도 스놉 효과가 있을까 하는 점이 그것이다. 과연 어떨
까? 답부터 말하자면 청소년들에게서도 스놉 효과가 존재한다.

조은아·김미숙[1]은 청소년들의 과시소비성향이 수입명품과 유명
브랜드 의류제품에 대한 태도와 구매행동에 어떤 영향을 미치는지
에 관한 연구를 했다. 그 연구에 따르면 조사대상 청소년들의 약 70%
정도가 다른 사람을 의식하거나 유명브랜드를 선호하는 것으로 나타
났다. 다시 말해, 청소년들의 소비에서도 스놉 효과가 발생한다는 것
이다. 어쩌면 다른 사람들에게 자신을 과시하고, 더 잘난 사람이라는
것을 보여주고 싶어 하는 것은 남녀노소를 불문하고 기본적 욕망이
아닐까 하는 생각이 든다. 과하지만 않다면 비록 비합리적인 소비라
할지라도 적어도 정신건강에는 도움이 될 수도 있지 않을까?

가짜라도 효과를 볼 수 있다?

플라시보 효과

플라시보는 라틴어에서 유래된 것이다. 우리말로 굳이 옮기자면 '마음에 들게 한다.'라는 정도로 번역할 수 있는데, 플라시보 효과를 다른 말로는 위약효과라고도 한다. 플라시보 효과가 위약효과로도 불리는 이유는 가짜 약인데도 불구하고 진짜 약인 것처럼 믿고 복용하는 경우 진짜 약을 복용한 경우와 마찬가지로 효과를 보는 현상이 기인한다.

위약효과를 언급할 때마다 등장하는 사례가 있다. 진통제가 바로 그것이다. 사실 호스피스 병동에 입원해 있는 환자들 즉, 의학적 도움

의약분야 플라시보의 원료가 되곤 하는 밀가루

자료 : 픽사베이

이라고는 오로지 통증완화 정도만 받을 수 있는 말기 환자가 아닌 이
상 환자들에게 투여할 수 있는 진통제의 양은 제한되기 마련이다. 그
런데 종종 호스피스 병동에서 말기 암환자가 아닌데도 수술이나 여
러 가지 이유로 통증을 호소하는 환자들에게 하루에도 몇 번씩 진통
제를 처방하는 경우를 목격할 수 있다. 이런 경우는 백발백중 진짜 진
통제가 아닌 가짜 진통제를 처방하는 것이다. 재미있는 사실은 가짜
진통제를 처치 받은 환자들의 반응이다. 분명 가짜 진통제를 맞았음
에도 불구하고 진짜 진통제를 맞은 환자처럼 고통을 잊게 되는 경우
가 대부분이다.

  그렇다면 사람들은 왜 가짜 진통제를 처방받았는데도 불구하고
통증을 잊게 되는 것일까? 이에 대해 잘트만Zaltman[12]은 플라시보 효
과가 실재 현상이며 신경학적인 작용원리에 기초하고 있기 때문이라

고 주장했다. 잘트만에 따르면, 플라시보 효과는 환자들이 실제로는 설탕 알약을 받고 있는데도 "우리가 진통제를 처방받고 있어."라고 생각할 때 발생한다고 한다. 또한 상당수의 플라시보 처치를 받은 사람들이 고통에서 편안함을 경험하는데, 이는 그들의 뇌가 의약품 속 화학물질들과 비슷한 효과가 있는 엔돌핀을 생산하기 때문이라고 주장하였다.

그런데 잘트먼은 한 발 더 나아가 다음과 같이 주장하였다. "사람들이 긍정적인 경험을 기대할 때 긍정적인 경험을 갖는 경향이 있으며, 이런 경향은 의약품뿐만 아니라 다른 제품에도 유효하다." 결국 플라시보 효과는 의약품 이외의 분야에서도 폭넓게 적용될 수 있는 것이라고 할 수 있다. 한편 어빙 커시Kirsch[13] 역시 항우울제의 효과는 거의 대부분 플라시보 효과라고 주장하였다. 또한 그는 항우울제가 뇌에 화학적 작용을 함으로써 우울증 치료 효과가 나타나는 것이 아니며, 오히려 자신이 회복될 것이라는 긍정적 기대가 치료 효과를 일으키는 것이라고 주장하였다. 긍정적 태도나 믿음이 질병에서 회복되는데 매우 중요한 역할을 하고 있음을 보여주는 것이라고 할 수 있다.

사실 플라시보 효과는 가벼운 고통이나 질병에 걸린 환자에게서도 어렵지 않게 찾아볼 수 있다. 집에서 감기 때문에 열도 많고 통증을 느끼던 사람이 이상하게 병원문만 들어서면 통증도 덜 하고 곧 나을 것이라는 생각을 하게 되는 현상 역시 일종의 플라시보 효과라고 볼 수 있다. 또한 운동을 하다 근육통이 생겨 집에 있던 소염제를 발랐을 때는 별로 효과가 없었던 것 같은데, 막상 병원에 가서 의사에게 진료를 받고 동일한 소염제를 처방받아 바르게 되면 이상하게 전보다 더 효과가 좋은 것처럼 느끼게 되는데, 이 또한 플라시보 효과가 작동한 결과라고 할 수 있다. 한편, 보통 의약 분야에서 활용되고 있는 플라시보는 밀가루나 설탕 성분의 알약 형태로 별도의 의학적 효능은 없어야 한다. 그래야 처방된 가짜 약을 복용해도 의학적 부작용이 없을 것이기 때문이다.

의학 분야가 아닌 마케팅 분야에서도 플라시보와 관련된 흥미로운 연구결과들을 찾아볼 수 있다. 예를 들어, 소비자들이 낮은 가격의 제품에서는 낮은 품질을 반대로 높은 가격의 제품에서는 높은 품질을 기대한다는 것에 착안한 연구를 들 수 있다. 정상가격의 에너지 음료와 할인가격의 에너지 음료를 두 집단에게 제공한 후 퀴즈를 풀게 하였는데 재미있는 현상이 나타났다. 정상가격의 에너지 음료를 마신 집단이 할인가격의 에너지 음료를 마신 집단에 비해 점수가 더 높았던 것이다. 즉, 할인가격이 플라시보 역할을 한 것이다.

이처럼 플라시보 효과는 다양한 방면에서 다양한 형태로 나타나고 있다. 어쩌면 지금 이 순간에도 플라시보 효과를 경험하고 있을지도 모른다. 사실 플라시보 효과는 합리적인 인간의 반응과는 다소 거리가 있다. 그렇지만 긍정적 기능이 상당하다. 다소 비합리적이면 어떠랴. 그 정도가 지나치지 않고 순기능이 충분하다면 그것으로 족하지 않을까?

경기가 안 좋은데 립스틱이 잘 팔리는 이유

립스틱 효과

경기가 어려우면 어려울수록 사람들은 소비를 줄이게 된다. 그러나 사람들의 마음속에는 누구나 정도의 차이만 있을 뿐 사치를 하고자 하는 욕망이 존재한다. 그렇다면 경기가 어려워 마음 편하게 소비를 하지 못하는 경우라면 소비자들은 어떤 선택을 할까? 이런 궁금증에 대한 해답을 립스틱 효과에서 찾을 수 있다.

매력적인 컬러가 돋보이는 립스틱

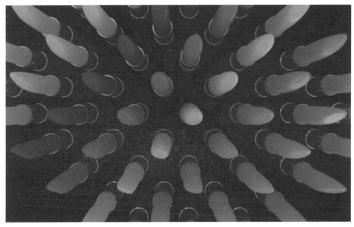

　립스틱 효과는 1930년대 미국의 경제대공황을 거치면서 정립된 용어다. 경제대공황 당시 엄청난 경기위축으로 인해 값비싼 화장품을 살 수 없었던 여성들이 상대적으로 저렴하면서 자신만의 아름다움을 추구할 수 있는 립스틱을 많이 소비하면서 생긴 현상을 립스틱 효과로 설명된다. 립스틱 효과는 진화심리학적 측면과 경제적 측면으로 구분해 설명할 수 있다.

　먼저 진화심리학적 측면에서, 립스틱 효과를 분석한 힐Hill[14]은 "불경기에 여성들은 남성들에게 좀 더 매력적으로 보이기 위한 욕구가 커지게 되고 이에 따라 추구하지 않았던 미용재의 구매가 는다."라고 하면서 이를 립스틱 효과라고 주장하였다. 즉, 진화심리학은 립스틱 효과의 원인을 '여성은 자신의 생존과 더불어 번식을 위해 더 나은 경제력이 있는 훌륭한 상대를 찾기 위한 방법으로 자신을 치장하려는 욕구가 강해진다.'라는 점에서 찾고 있다.

한편, 경제적인 측면에서 볼 때 립스틱 효과가 발생하는 원인은 '불경기로 인한 소비위축과 이로 인해 발생하는 스트레스를 해소하기 위해 가능한 범위 내에서 적은 돈으로 최대한의 만족을 추구하기 위해 립스틱 같은 저렴한 미용 제품을 구매해 미용효과의 극대화를 추구하는 소비자들의 소비행동'에서 찾을 수 있다.

그렇다면 립스틱 효과는 합리적 소비일까? 아니면 비합리적 소비일까? 가치판단의 문제라고 할 수 있겠지만 주어진 소비여력 하에서 가능한 저렴한 제품을 선택해 만족을 극대화하기 위한 선택인 이상 립스틱 효과는 합리적 소비 형태라고 볼 수 있다. 소비자들의 알뜰 소비를 보여주는 것이라고 할 수 있기 때문이다.

실제로 립스틱은 고가 화장품들에 비해 가격이 매우 저렴하다. 하지만 다채로운 색상의 변화를 통해 얼마든지 적은 비용으로도 아름다운 변화를 시도할 수 있다는 매력이 있다. 경기가 어려운 요즘 여성들의 립스틱 색상이 얼마나 자주 바뀌는지를 관찰해보는 것도 다양한 측면에서 매우 흥미로운 일이다. 요즘은 립스틱보다 가격이 더 저렴한 매니큐어의 소비량이 증가하는 모습을 보이고 있다. 립스틱 효과와 함께 머지않아 매니큐어 효과라는 신조어도 유행이 될 듯하다.

애증이 교차하는 것도 나쁘지 않다?

프레너미 관계

프레너미Frenemy는 친구를 뜻하는 영어 단어인 프렌드friend와 적을 뜻하는 단어인 에너미enemy가 합쳐서 만들어진 신조어이다. 본래 프레너미는 교우관계에서 '애증이 교차하는 관계'를 의미하는 것이었으나 최근 들어서는 협력관계이면서 동시에 경쟁관계에 놓여 있는 기업들 간의 관계를 의미하는 단어로 쓰이고 있다. 가장 대표적인 경우로 특허권 분쟁을 겪은 삼성과 애플, 그리고 밀월관계였다 경쟁관계로 바뀐 삼성과 구글의 관계를 들 수 있다.

삼성과 애플의 특허분쟁은 익히 알려진 사실이다. 애플이 삼성의

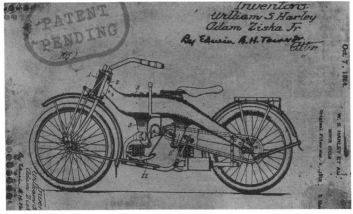

자료 : 픽사베이

스마트폰이 자사의 특허를 침해했다는 이유로 미 법원에 소송을 제기하면서 세기의 특허전쟁이 벌어지게 되었다. 2017년 기준 하급심 소송결과에 대해 삼성이 D677특허둥근 모서리 특허 와 D087특허베젤을 덧붙인 디자인, D305특허검은 화면에 아이콘 16개를 배치한 디자인 등 세 건의 디자인 특허에 대해서 대법원에 상고를 했다. 그 결과 삼성 쪽의 의견이 받아들여져 캘리포니아 북부지역법원에서 다시 공방을 벌였으며 2018년 화해로 7년에 걸친 특허전쟁이 마무리된 바 있다.

어떤 측면에서 볼 때 삼성과 애플은 적이었다. 그것도 특허를 두고 치열한 법정공방을 벌이는 강력한 적이었다. 그러나 그럼에도 불구하고 삼성과 애플은 서로 적대적으로 대하지 않고 공생관계를 형성하고 있다. 즉, 삼성과 애플이 비록 특허권 소송을 벌이고 스마트폰 시장에서 치열하게 경쟁하는 관계였었기는 했지만 애플은 핵심 부품을 삼성에서 납품받아 사용하고 있었다. 실제로 삼성은 지속적으로 메모리 반도체를 비롯해 시스템 반도체, 액정표시장치LCD 등을 애플에 납품해오고 있다. 이는 전형적인 우호적인 거래처 사이에서 가능한 거래유형이지, 결코 치열하게 소송을 벌이고 죽기 살기로 싸우는 적을 대하는 방식은 아니다.

삼성전자와 구글의 밀월관계와 그 이후 형성된 경쟁관계 역시 전형적인 프레너미 현상이라고 볼 수 있다. 삼성전자와 구글은 애플이 아이폰을 출시한 이후 동병상련의 처지에 놓이게 된다. 애플이 아이폰을 출시하면서 단말기와 운영체제 iOS를 독자적으로 개발했기 때문이다. 삼성과 구글 입장에서는 각자의 이익을 해치는 공동의 적이 생긴 셈이다. 이에 공동 대응의 필요성이 커졌고 전략적 협력관계가 되었다. 이후 양사는 구글의 운영체제를 장착한 삼성전자의 스마트폰으로 애플에 대응해나가기 시작했고, 그 결과 글로벌 시장에서 삼성과 구글 안드로이드 모두 점유율이 크게 상승하는 성공을 거두게 된다.

그러나 삼성과 구글의 전략적 협업관계 역시 변화를 맞이한 바 있다. 삼성과 구글 역시 경쟁구도가 형성되었기 때문이다. 일례로 삼성전자는 안드로이드 운영체제에 대한 의존도를 낮추기 위한 일환으로 인텔과 새로운 운영체제인 '타이젠Tizen'을, 구글은 휴대폰 제조업체인 모토로라를 인수해 스마트폰의 직접 제조에 나선 바 있었다.

정보기술의 발달에 따라 향후 더 많은 프레너미 현상이 나타날 것으로 보인다. 당장 TV, 스마트폰, 사물 인터넷, 스마트카 등으로 IT의

사업영역이 커지면서 A라는 사업에서는 서로 협력하면서도 B라는 사업영역에서는 서로 경쟁을 하는 관계가 많아지고 있기 때문이다. 프레너미 현상이야말로 "영원한 적도, 영원한 동지도 없다."는 표현과 가장 잘 어울리는 현상이 아닐까 하는 생각을 해본다.

믿음에 위배되는 정보를 접하다

인지부조화

인지부조화 이론은 페스팅거Festinger[15]에 의해 처음 주장되었다. 그는 '소비자가 두 개의 지각이 각각 옳다고 보는 반면, 서로 조화되지 않고 지각될 때 즉, 불균형 상태에서 나타나는 심리상태'를 인지부조화로 정의하였다. 즉, 인지부조화는 사람들이 갖고 있는 믿음과 그들의 믿음과 부합되지 않는 정보가 만났을 때 사람들이 느끼는 상태를 말한다. 페스팅거에 따르면, 보통 인지부조화 상태는 사람들을 심리적 긴장상태에 놓이도록 하기 때문에 그 심리적 긴장상태를 해소해 심리적 안정을 찾으려고 노력하게 된다고 한다.

그렇다면 인지부조화는 어떤 상황에서 발생하는 것일까? 페스팅거는 인지부조화는 의사결정 이후에 경험하는 심리적 불안상태로 자신이 지각한 대안의 장점 대신 다른 대안의 단점을 수용했거나, 처벌과 보상 등에 기초해 자신의 신념과 배치되는 정보에 노출된 상황에서 발생한다고 주장한다.

한편, 이동원·박은희[16]에 따르면, 인지부조화는 몇 가지 조건에서 발생하게 된다. 다음은 인지부조화가 발생하게 되는 조건이다.

첫째, 자발적이고 자유로운 행위의 선택이어야 한다. 즉, 태도와 관련된 행위가 상황에 의한 압력 때문에 발생한 것이 아니라, 행위자 스스로의 자유로운 선택에 의거해 이루어진 경우에만 인지부조화를 경험하게 된다.

둘째, 행위가 돌이킬 수 없는 것이어야 한다. 행위를 언제라도 변경할 수 있다면 인지부조화는 발생하지 않기 때문이다.

셋째, 행위의 결과가 예측가능해야 한다. 즉, 자신이 선택한 행위가 바람직하지 못한 결과를 초래하게 될 것이라는 사실을 알거나 예측할 수 있음에도 불구하고 그 행위를 한 경우에만 인지부조화가 발생한다.

그렇다면 일단 인지부조화가 발생하면 이를 해소하기 위한 과정은 어떻게 될까? 페스팅거는 인지부조화가 발생하게 되면 인지부조화를 감소시킴으로써 조화를 얻으려고 노력하게 되는데, 이때 인지부조화를 감소시키기 위한 노력은 인지부조화의 크기에 관한 함수로 나타난다고 하였다. 예를 들어, 어떤 상품을 구매한 소비자가 있다.

그런데 그 소비자는 상품을 구매한 후 인지부조화를 겪게 된다고 하자. 이때 인지부조화라는 불편한 상태에서 벗어나기 위해 소비자는 자신의 의사결정을 지지하는 정보를 탐색하기도 한다. 한편 인지부조화의 정도가 크면 클수록 그 부조화를 감소시키기 위한 행위의 강도도 함께 커지게 되는 것은 물론 인지부조화를 커지게 만드는 상황도 회피하게 된다는 것이다.

또한 페스팅거는 의사결정 이후 인지부조화를 감소시키는 방법으로 자신의 결정을 변경하거나 취소하는 방법, 선택에 포함되어 있는 선택안의 매력을 바꾸는 방법, 선택에 포함되어 있는 범위 안에서 인지적 중복을 확립하는 방법 등을 제시하였다. 한편 브렘Brehm 등[17]은 인지부조화의 감소방법으로 태도의 변화, 의견의 변화, 조화된 정보의 탐색과 회상, 인지부조화 정보의 회피, 지각적 왜곡, 행동의 변화 등을 제시하였다. 일례로 소비자들은 인지부조화를 감소시키기 위해 선택한 대안은 호의적으로 평가하고, 반면에 거절한 대안은 비호의적으로 평가하게 된다. 또한 자신이 선택한 대안과 관련해 유리한 정보는 적극적으로 탐색하지만 불리한 정보는 회피하는 노력을 하게 된다는 것이다.

인지부조화는 인간의 역사와 함께 존재해오고 있다고 해도 과언이 아닐 것이다. 그래서일까? 고전 우화 속에서 인지부조화 현상을 발견할 수 있다. 이솝의 〈여우와 포도〉라는 우화 속에서다. 이 우화에서 여우는 자신의 손이 닿지 않는 높은 곳에 매달려 있는 포도를 보면서 먹고 싶어 한다. 그러나 여우는 자신은 아무리 노력해도 그 높이에까지 다다를 수 없다는 것을 알게 된다. 그러자 여우는 "저 포도는 아직 덜 익었을 거야. 아니면 너무 신맛이 강해서 먹을 만한 것이 못 될 거야."라는 생각을 하게 된다. 이 과정에서 여우는 인지부조화를 경험하고 자신이 경험한 인지부조화를 해소하게 된다. 그 과정을 단순화하면 다음과 같다.

우화 <여우와 포도>

포도를 원한다. → 포도를 먹을 수 없다는 사실을 깨닫는다. → 덜 익었거나 너무 신맛이 강해서 못 먹을 포도다라면서 자신의 부조화를 감소시킨다.

또 다른 인지부조화 사례를 살펴보자. 가장 먼저 한 때 국내 사이비 교회가 지구의 종말이 온다는 말로 대중들을 선동한 사례를 들 수 있다. 그들은 특정 날짜에 지구의 종말이 온다고 주장했다. 그러나 그들이 약속했던 날 지구의 종말은 없었다. 그러자 다시 또 다른 종말의 날을 주장했는데 그 날에도 역시 지구 종말은 없었다. 그런데도 그 종교를 따르던 신도들은 지구의 종말이 곧 올 것으로 믿고 있었다. 그들은 지구에 종말이 오지 않은 이유가 신이 인간들에게 좀 더 기회를 주기 위한 것이라고 주장하면서 인지부조화를 감소시켰던 것이다.

이런 인지부조화는 우리 일상에도 존재한다. 해마다 새해가 되면 사람들은 건강과 관련된 다짐을 하곤 한다. 대표적인 것이 금연과 금주와 관련된 것이다. 그러나 그 다짐들은 그리 오래가지 못하는 경우가 대부분이다. 그 이면에도 어김없이 인지부조화가 자리 잡고 있다. 예를 들어 금연 다짐을 했다고 하자. 그럼 다음과 같은 과정을 거쳐 결국 다시 흡연하는 자신의 모습을 발견하게 될 것이다.

흡연은 건강에 해롭다. → 금연을 하자. → 어휴. 담배피고 싶어 죽겠네… 너무 참으면 정신건강에 좋지 않을 텐데… → 1~2개피 정도는 괜찮을 거야. → 흡연하는 사람이 전부 건강에 문제가 생기는 것은 아니잖아. → 그냥 담배피고 열심히 운동하자.

이런 후회이론은 마케팅, 특히 광고에서 흔히 접할 수 있다. 기업이 효과적인 광고를 하기 위해서 그 광고가 소비자의 기억에 남도록 해야 하는데, 이를 위해 공포 혹은 위협 소구를 활용한 광고가 활용되곤 한다. 공포 혹은 위협 소구를 활용한 광고는 만일 이 제품을 구매하지 않는다면, 소비자가 입을 혜택보다 피해가 훨씬 더 크다는 결과를 보여줌으로써 소비자의 공포를 자극하는 광고를 말한다.

1991년 낙동강 페놀 유출 사건으로 수질오염 문제가 심각하게 받아들여지고 있을 때, 맥주회사 하이트는 '지하 150m 암반에서 끌어올린 천연 지하수로 만든 맥주'라는 메시지를 강조해 엄청난 성공을 거둔 바 있다. 금융상품을 판매하는 증권사나 보험사들의 광고에서도 후회이론을 활용한 광고를 자주 접하게 된다. 노후를 걱정하는 직장인들의 모습을 보여주면서 가상의 미래 즉, 미리 노후를 준비하지 않아 '젊었을 때 미리 준비해 두었어야 한다.'는 후회를 하는 모습을 보여주면서 자산관리의 필요성을 강조하곤 했다.

이들 광고를 접한 소비자들에게 준비 없는 미래에 대한 불안감 내지는 공포를 조장한 후, 미래에 후회하고 싶지 않다면 서둘러 자사의 금융상품에 가입하라는 메시지를 전달하는 경우에 해당되는 것이다.

인지부조화는 어쩌면 사람이라면 누구도 피할 수 없는 것일지도 모른다. 오늘 여러분은 어떤 인지부조화를 경험했는지 생각해보면 어떨까? 꽤 재미있을 것 같지 않은가?

착각을 불러일으켜 이익을 얻는다!

엠부시 마케팅

엠부시 마케팅은 '매복'을 뜻하는 엠부시ambush와 마케팅Marketing이 결합되어 나온 용어로 스포츠 이벤트에서 공식적인 후원업체가 아님에도 불구하고, 광고문구 등을 활용해 올림픽을 후원하는 업체인 듯한 착각을 불러일으켜 고객의 관심을 끌어내는 마케팅이라고 정의할 수 있다.

맥캘비Mckelvey[18]는 엠부시 마케팅을 협의의 엠부시 마케팅과 광의의 엠부시 마케팅으로 구분했다. 협의의 엠부시 마케팅을 '경쟁자가 일정한 금전을 지불하고 획득한 스폰서십에 기반해 성립된 경쟁자와

50

스포츠 기관과의 공식적인 관계를 약하게 하거나 공격하려는 직접적인 노력을 말하며, 광고나 판촉행사 등을 통해 소비자를 혼동시키고 이벤트의 공식 스폰서의 주체에 대한 오인을 하도록 하는 것'이라고 정의하였다. 한편, 광의의 엠부시 마케팅은 '필요한 권한 부여나 당사자의 동의 없이 특정한 스포츠나 스포츠 이벤트와 관련이 있는 것처럼 보이게 하여, 그것의 신용이나 평판, 인기도에 힘입어 상업적인 이득을 취하려는 시도로서 직접적이고 고의적인 오인행위'라고 정의하였다.

2016년 유로 공식 후원사인 아디다스 광고

자료 : 픽사베이

올림픽, 월드컵 등 국제적인 스포츠 이벤트에 대한 관심이 높아지면서 엠부시 마케팅도 기승을 부리고 있지만, 정작 언제부터 엠부시 마케팅이 시작되었는지 명확하게 알려주는 자료는 존재하지 않는다. 그만큼 엠부시 마케팅의 역사가 길지 않다는 뜻이기도 하다.

박지현[19]에 따르면, 엠부시 마케팅이 정확히 언제 시작되었는지를 보여주는 자료는 존재하지 않으나 1984년 LA올림픽에서 공식 후원사가 아니었던 나이키가 'I Love LA'라는 문구를 사용해 LA올림픽과 관련이 있는 것처럼 보이는 광고를 한 바 있고, 당시 공식 후원사였던 후지필름에 대항해 코닥이 광고를 통해 자신들이 공식 후원사인 것처럼 마케팅한 사례가 있다. 사실상 코닥과 후지필름의 사례가 엠부시 마케팅의 시초라고 할 수 있다. 한편 1988년 서울올림픽에서는 역시 공식 스폰서가 아니었던 리복이 'All the games aren't in Seoul'이라는 문구를 사용하여 서울올림픽과의 관련성을 암시하는 광고를 한 바 있다. 본격적으로 논의를 불러일으키게 된 계기는 1994년 릴레함메르 동계올림픽 당시 있었던 아메리칸익스프레스AMEX카드와 비자카드VISA의 분쟁이었다.

그 이후에도 각종 국제적 스포츠 행사가 개최될 때마다 엠부시 마케팅이 최고조에 달하는 모습을 보이고 있다. 스포츠 행사에 대한 후원이 기업의 지명도, 이미지, 신뢰도를 제고하는 데 있어 가장 효과적인 마케팅 수단이 되었고 그 위력이 갈수록 커져가고 있다는 점에서 어쩌면 당연한 결과라고 볼 수 있다. 1998년 프랑스 월드컵에서 나이키의 엠부시 마케팅이 돋보였다. 공식 후원업체가 아니라는 한계에도 불구하고 가장 강력한 우승후보였던 브라질 국가대표팀을 후원함으로써 TV광고나 나이키 매장에서 월드컵 특수를 노릴 수 있었다. 이 같은 나이키의 전략은 당시 공식 후원사였던 아디다스를 압도하는 것이었다.

글로벌 음료업계의 오랜 라이벌인 코카콜라와 펩시의 엠부시 마케팅 역시 흥미진진하다. 두 기업 모두 엠부시 마케팅에 능한데, 최근에는 코카콜라가 올림픽과 월드컵이라는 스포츠 행사의 공식 후원사

자료 : 픽사베이

가 되었기에 특히 펩시의 엠부시 마케팅이 거세다. 근래 펩시는 코카
콜라에 대항하기 위한 엠부시 마케팅 방법으로 유명 스포츠 스타들
을 활용하고 있다. 즉, 해당 스포츠 행사에 출전하는 스포츠 스타들을
광고모델로 기용하는 것이다. 2014 브라질 월드컵에서도 펩시는 아
르헨티나의 리오넬 메시, 코트디부아르의 디디에 드록바, 네덜란드의
반 페르시 등을 광고모델로 활용함으로써 톡톡히 효과를 본 바 있다.

　우리나라에서 엠부시 마케팅이 가장 강력하게 구체화된 시기는
2002년 한·일 월드컵이었다. 지금도 회자되고 있는 SK텔레콤이 진
행했던 '붉은 악마 캠페인'과 시청 앞 광장에서 열렸던 단체응원 후원
이다. 이런 이유로 2002년 월드컵을 경험한 사람들 중 상당수는 SK텔
레콤이 2002년 월드컵 공식 후원사였던 것으로 기억하고 있다. 그러
나 당시 공식 후원사는 SK텔레콤이 아닌 KT였다. 그럼에도 불구하고

2002년 월드컵이라는 대형 스포츠 이벤트를 마케팅 측면에서 가장 확실하고 효과적으로 활용한 쪽은 SK텔레콤이었다. 지금까지도 국내 기업이 엠부시 마케팅에 성공한 대표적인 사례로 손꼽히고 있다.

스포츠 제전인 동계올림픽이나 하계올림픽, 월드컵 등 대형 스포츠 축제들을 세계적 기업들이 결코 그냥 지켜보기만 하는 일은 없다. 필사적으로 마케팅에 활용하기 때문이다. 물론 이 과정에서 공식적으로 올림픽 관련 권리를 사용할 수 있는 공식 올림픽 파트너들World wide olympic partner 그리고 공식 후원사들과 엠부시 마케팅을 시도하려는 기업들 사이에 치열한 두뇌싸움 또한 재미있게 펼쳐지게 될 것이다. 다양한 스포츠 마케팅 전쟁에서 그때마다 누가 승자가 될 것인지를 지켜보는 것도 흥미로운 일이 아닐까?

원 플러스 원을 하는 이유는?

보고 마케팅

보고 마케팅은 'Buy One Get One'의 앞 철자인 B, O, G, O가 합쳐져 만들어진 단어로 어떤 상품을 하나 구입하면 그 상품을 하나 더 덤으로 주는 마케팅 전략을 의미한다. 우리나라 사람들에게는 '1+1=원 플러스 원'이라는 표현으로 더 익숙한 마케팅 전략이다. 소비자들은 보고BOGO 마케팅에 열광한다. 하나를 사면 하나를 덤으로 주기 때문이다. 보고 마케팅은 미국의 대형 할인매장이나 패스트푸드점들이 많이 사용하던 마케팅 전략이었다.

하나를 사는데 하나를 공짜로 준다니 얼마나 기분이 좋은 일인

자료 : 구글코리아

가. 소비자들이 일단 열광하지 않으면 그것이 더 이상한 일일 것이다. 그러나 하나를 사면 하나를 더 주는 보고 마케팅 즉, '1+1=원 플러스 원' 마케팅은 과연 소비자에게 이로운 것일까? 만약 소비자들에게 이로운 것이라면 분명 제품 유통업체들에게는 손해가 될 수도 있을 텐데, 왜 유통업체들은 보고 마케팅을 빈번하게 활용하고 있는 것일까?

답은 의외로 간단하다. 유통업체들이 하나를 주고 열을 받는 이른바 '되로 주고 말로 받는' 전략을 취하고 있는 것이다. 보고 마케팅은 분명 소비자들에게 매력적이다. 당연히 지갑을 열 것이다. 그런데 바로 이 과정에서 소비자들은 보고 마케팅에 혹해 해당 상품을 구매하고 있는 그 유통업체들에 대해 자신도 모르게 어떤 이미지를 갖게 된다. '이곳이 굉장히 물건을 저렴하게 판매하는군. 분명 다른 물건들도 값싸게 판매하고 있을 거야.'와 같은 이미지를 갖게 되는 것이다.

요즘 같이 경기가 어려울 때 어떤 제품을 구매할 때 저렴한 가격보다 더 매력적인 카드가 또 있을까? 이렇게 일단 보고 마케팅으로 인해 해당 유통업체에 대한 좋은 이미지가 소비자들의 뇌리에 각인되면 소비자들은 해당 유통업체에서 지속적으로 구매를 하게 될 것이다. 유통업체에게는 그야말로 '되로 주고 말로 받는' 전략인 것이다.

나는 정말 충분한 지식을 갖고 있을까?

지식착각 현상

지식착각Illusion of Knowledge이란 자신이 실제 알고 있는 지식이나 정보의 양보다 더 많은 지식이나 정보를 갖고 있다고 판단하는 것을 의미한다. 슈바르츠Schwartz[20]에 따르면, 사람들은 자신들에게 제공되는 정보의 양이 많아지면 많아질수록 의사결정의 정확성 역시 높아진다고 착각하게 된다. 이러한 지식착각은 사람들로 하여금 자기 자신을 과신하게 하는 만드는 이른바 자기과신Overconfidence을 초래하게 된다.

자료 : www.flickr.com

　자기 과신은 직접적인 선택, 연속적인 결과, 과업의 친숙성의 정도, 정보의 양, 참여형태, 과거의 성공 등에 의해 발생되는데, 이에 대해서는 자기 과신과 관련된 부분에서 다시 다루기로 하고 다시 본론으로 돌아가 좀 더 지식착각을 검토해보자.

　아르키스 Arkes 등[21] 학자들의 연구에 따르면, 사람들은 대개 정보가 많으면 많을수록 비록 의사결정의 정확성 자체가 자신들이 수집한 정보에 영향을 받지 않음에도 불구하고 이것은 의사결정에 대한 확신을 증가하는 요인으로 작용한다. 물론 의사결정에 대한 확신이 증가하면 할수록 지식착각 현상은 더욱 자주 발생하게 될 것이다.

　홀Hall 등[22]은 지식착각이 어떻게 잘못된 의사결정을 내리는지에 대한 실증연구 결과를 보여주고 있다. 이들은 미국에서 가장 인기 있는 스포츠 가운데 하나인 NBANational Basketball Association과 관련된 실험을 통해 보다 많은 정보가 주어졌을 때가 정보가 덜 주어졌을 때에 비해 오히려 의사결정의 정확성이 떨어지게 되는 재미있는 현상을 보여주었다. 이들은 실험참가자들 모두에게 NBA 시합과 관련된 통계자료승리 기록, 하프타임 스코어를 주었다. 이에 더해 실험참가자들의 절반에게는 시합 관련 통계자료 외에 해당 농구팀의 이름까지 알려주었다. 그리고 나서 시합 결과를 예측하도록 하는 실험을 실시하였다. 그러자 시합 관련 통계자료 외에 해당 농구팀의 이름 정보까지 확보하게 된 실험참가자들은 자신들은 팀 이름이라는 정보까지 알고 있기 때문에 시합결과 예측을 더 잘할 수 있을 것이라는 확신을 보였다.

그러나 이들의 확신과는 정반대로 팀 이름이라는 더 많은 정보를 확보한 실험참가자들의 시합 예측은 그렇지 않은 실험참가자들에 비해 더 좋지 않았다. 그 이유는 팀 이름이라는 정보를 추가로 확보한 실험참가자들이 그렇지 않은 실험참가자들에 비해 시합결과 예측에 있어 객관적인 통계자료에 대한 의존 비중을 낮추었다는 데에서 찾을 수 있다. 즉, 보다 객관적인 통계자료에 기초해 시합결과를 예측하기보다는 그저 보다 익숙한 팀을 선택했던 것이다. 말 그대로 보다 많은 정보가 주어졌음에도 불구하고 단지 자신들이 보다 나은 의사결정을 할 수 있을 것이라는 확신만 가질 뿐, 실제는 정반대의 결과를 초래하는 지식착각 현상의 전형이라고 할 수 있다.

우리 속담 가운데 "많이 아는 것이 오히려 병이 되는 만큼 모르는 것이 약이다."는 속담을 상기해보라. 위의 실험결과와 의외로 일맥상통하는 면이 있을 것이다. 그렇다면 도대체 왜 사람들은 보다 많은 정보를 효과적으로 활용해 보다 정확한 의사결정을 내리지 못하고 오히려 부정확하거나 비합리적인 의사결정을 내리게 되는 것일까? 그 이유는 행동경제학에서 지속적으로 주장하고 있는 의외로 비합리적인 사람의 속성에서 찾아야 할 것이다. 매 순간 직면해야 하는 다양한 의사결정 과정에서 지금 이 순간 당신은 충분한 지식을 바탕으로 의사결정을 했는지, 혹시 지식착각에 빠져 섣불리 의사결정을 하고 있는 것은 아닌지 검토해봐야 하지 않을까?

환경을 통제할 수 있다는 근자감

통제력 착각

사람들은 정도의 차이만 있을 뿐 자신들을 둘러싸고 있는 환경요인들을 통제할 수 있다는 착각을 빈번하게 하는데 이를 가리켜 통제력 착각illusion of control이라고 한다. 랑거Langer[23]는 객관적 가능성이 담보하는 수준을 넘어서는 부적절한 성공가능성에 대한 기대라고 통제력 착각을 규정했다. 또한 플루스Plous[24]는 통제력 착각을 '실제로는 전혀 통제력이 없음에도 불구하고 마치 자신들이 어떤 통제력을 갖고 있는 것처럼 행동하는 경향'으로 정의하였다.

이를 좀 더 쉽게 풀어보면, 통제력 착각이란 기본적으로 사람들

꼭두각시를 통제하는 손

이 자신의 세상에 대한 통제력을 과대평가하는 것을 말하며, 통제력 착각에 빠진 사람들은 자신이 어떤 일이든 처리할 수 있고 우연히 발생한 사건이나 통제 자체가 불가능한 사건은 없다고 여기게 되는 것이다. 또한 통제력 착각을 가지고 있는 사람들은 의도했던 바와 전혀 다른 부정적 결과에 직면하는 경우에서조차도 우울해하거나 의기소침해하지 않는 모습을 보인다. 사실 통제력 착각이라는 단어는 우리에게 익숙한 단어가 결코 아니다. 하지만 조금만 살펴보면 우리 주변에서 다양한 통제력 착각을 갖고 있는 사람들을 찾아볼 수 있다. 로또를 구입할 때조차도 정도의 차이만 있을 뿐 일종의 통제력 착각 현상이 나타난다.

통제력 착각을 '부적절한 성공 가능성에 대한 기대'라고 정의할 경우, 도박이야말로 통제력 착각이 가장 빈번하게 발생하는 분야라고 할 수 있다. 라두커Ladouceur · 워커Walker[25]에 따르면, 도박을 하는 사람들은 도박에 대한 인지적 왜곡을 갖고 있다고 한다. 또한 미키일척 Michalczuk 등[26]에 따르면, 도박을 하는 사람들이 인지적 왜곡을 갖고 있기 때문에 돈을 딸 확률이나 행운, 기술에 대한 과대평가를 하게 되고 그 결과 자신들이 돈을 따게 될 가능성을 실제보다 과대평가하는 경향이 있다고 한다. 물론 이때 인지적 왜곡을 발생시키는 주요 원인 가운데 하나가 바로 통제력 착각인 것이다.

그렇다면 재화나 서비스가 거래되는 시장에서도 통제력 착각이 나타나고 있을까? 당연히 소비자들의 서비스나 재화의 구매과정에서도 통제력 착각이 존재하고 있다. 이준기 · 이지혜[27]의 연구에 따르면, 인터넷 경매나 공동 구매와 같은 가격 차별화 방식으로 재화를 구입하는 소비자들은 자신의 구입가격이 공정한 것인지 혹은 불공정한 것인지를 평가하게 되는데, 이때 통제력 착각이 클수록 자신들이 구입하는 제품의 가격이 공정하다고 인식하게 된다고 한다. 이를 정리하면, 통제력 착각은 실제 인간과 경제학에서 내세우고 있는 전형적 인간인 호모이코노미쿠스Homo Economicus와의 사이에 상당한 괴리가 있음을 보여주는 것이라는 점에서 상당한 의미가 있다고 할 수 있다.

누구나 자신의 능력을 과대평가할 수 있다

자기과신

무어Moore · 힐리Healy[28]는 자기과신Overconfidence이란 자신의 능력을 절대적 혹은 상대적으로 과대평가하는 것으로 정의하였다. 자기과신을 일으키는 원인으로 직접적인 선택, 연속적 결과, 업무의 친숙성, 정보의 양, 참여형태, 과거의 성공 등을 보고하고 있다.[29] 이미 위에서 언급한 바 있는 통제력 착각이나 지식착각이 자기과신을 조장하는 주요 원인임을 상기하면 이해하기 쉬울 것이다.

카너먼 Kahneman[30]은 자기과신에 빠져 있는 사람들을 "자신이 정말로 전문지식을 갖고 있고 전문가처럼 행동할 수 있으며 동시에 전문

사자라고 자신을 과대평가하는 고양이

자료 : 픽사베이

가처럼 바라볼 수 있다고 믿는 사람들"이라고 정의하였다. 또한 자기
과신에 빠져 있는 사람들이 착각에 빠져 있다는 점을 늘 잊지 않도록
주의를 기울여야 한다고 강조하였다. 자기과신이 그만큼 치명적이라
는 것을 의미하는 것인데, 이 같은 주장은 자기과신이 모든 인지적 편
향 가운데 사람들을 희생양으로 내모는 가장 보편적이고 잠재적 재
앙으로 불려오고 있다는 사실을 통해서도 확인할 수 있다.[31]

사실 자기과신 현상은 우리들과 밀접하게 연결되고 있다. 일상생
활이나 취미활동 등 아주 사소한 것에서부터 창업, 각종 시험, 재테
크, 기술 및 기능, 개인 능력 등 매우 중요한 사항에 이르기까지 정도
의 차이만 있을 뿐 폭넓게 자리 잡고 있다고 할 수 있다.

이론적으로 주식과 경제에 대한 지식이 해박하다면 주식투자에도 성공할 수 있을 것이라고 생각하는 경우가 많다. 지식이 많으면 그만큼 실패의 위험도 줄일 수 있다는 일반론적인 인식을 그대로 적용한 사고라고 할 수 있다. 하지만 주식시장에서는 이론적으로 '해박한 지식 = 높은 투자수익'이라는 공식이 성립되지 않는다. 오히려 해박한 지식을 자랑하고 있음에도 불구하고 투자수익 창출에는 실패하는 경우도 많다.

좀 더 현실적인 이해의 편의를 위해 자기과신과 관련된 사례로 주식투자와 관련해 발견할 수 있는 자기과신 현상을 살펴보자. 다음은 해박한 지식이 어떻게 자기과신으로 연결될 수 있는지를 보여주는 사례다. 이를 통해 주식투자 등 각종 재테크 과정에서 자기과신이 어떤 영향을 미치게 되는지를 살펴볼 수 있을 것이다.

근대 경제이론의 개척자라고 평가받고 있는 미국의 저명한 경제학자 어빙 피셔Irving Fisher의 사례가 대표적이다. 어빙 피셔는 당대를 대표하던 계량경제학자였고 이자와 화폐에 관한 이론 분야에서 오늘날까지 대가로 인정받고 있는 경제학자였다. 그런 어빙 피셔조차 저 유명한 미국의 대공황으로 인한 주가 대폭락을 불과 일주일 앞두고 "주가는 지속적으로 상승할 것이다."라는 예측을 내놓았던 것은 물론 주가 대폭락 당일에도 "주가 폭락 현상은 일시적인 현상이다. 상승할 것이다. 상승할 것으로 보는 충분한 근거가 있다."라고 주장하였다. 하지만 주식시장은 결코 엄청난 지식으로 중무장한 어빙 피셔의 예상과는 정반대로 움직였고 결국 엄청난 투자실패를 감수해야만 했다.

어빙 피셔의 사례는 제아무리 이론적으로 해박한 지식이 자기과신의 원인이 될 수 있고 이것이 엄청난 실패를 야기하는 강력한 원인이 될 수 있음을 보여주는 것이다. 창업 분야에서도 빈번하게 자기과신 현상을 목격할 수 있다. 예를 들어, 창업초보자들이 선택할 수 있는 가장 안정적인 창업방식인 프랜차이즈 창업에서조차 성공을 위해서는 합리적이고 체계적인 프랜차이즈 본사를 선택하는 것은 기본이고 한 발 더 나아가 창업자의 역량에 따라 성공이 좌우되기 마련이다. 여기서 문제는 창업자의 역량확보가 결코 쉬운 것이 아니라는 점이다.

실제로 외식산업 창업자들은 음식의 맛은 물론 외식사업에 대한 이해, 직원관리, 고객관리, 홍보 및 마케팅 등 수없이 많은 업무를 파악하고 실행하면서 문제점이 발견되면 수정해 나가야만 하는 상황에 직면하게 된다. 그러므로 단순하게 "나는 할 수 있고 또 그럴 만한 능력이 있다."라고 생각하거나 "일단 개업하면 잘 할 수 있다.", "노력하면 되겠지."와 같은 무책임한 낙관주의적 사고방식으로는 결코 성공할 수 없는 것이 바로 창업이라고 할 수 있다. 그럼에도 불구하고 대부분의 창업자들은 자신들이 창업을 하면 성공할 수 있다고 굳게 믿고 있다. 그저 단순히 웃고 넘어갈 수 있는 문제가 아닌 것이다.

창업과 관련된 자기과신 현상은 비단 우리나라에만 국한되는 현상은 아니다. 노프싱어Nofsinger[32]의 연구에 따르면, 창업자들의 70% 이상이 본인들은 창업에 성공할 것이라는 확신을 갖고 있는 것으로 나타났다. 이 같은 설문결과는 30%에도 미치지 못하는 평균적인 업종별 창업 성공률과 비교했을 때 과도하게 낙관적인 기대가 반영된 수치였다. 참 재미있는 현상이 아닐 수 없다.

쉽게 떠오르는 것에
쉽게 휘둘린다

가용성 휴리스틱

"인간은 합리적이다."라는 전제 하에 경제학은 발전에 발전을 거듭해
왔다. 당연히 경제학에서 바라보는 인간은 합리적이고 이성적인 존재
이다. 따라서 언제 어디서나 선호의 일관성을 자랑하며 효용 극대화
를 추구할 수 있는 선택을 하는 존재이다. 그러나 실제로 인간은 경제
학에서 가정하는 그런 경제학적 인간이 아니다. 즉, 인간은 제한된 합
리성을 갖고 있을 뿐만 아니라 시간과 장소에 따라 감정적 요인에 휘
둘려 전혀 일관되지 않은 선호를 보여주기도 한다. 뿐만 아니라 효용
극대화를 추구하기보다 자신이 스스로 설정한 수준을 만족하기만 하

면 기꺼이 기존 경제학에서 그렇게 강조하고 있는 효용을 극대화해 줄 수 있는 선택안조차 밥 먹듯 포기하기까지 한다. 이래서는 말 그대로 인간의 행동에 대한 예측은 거의 불가능에 가깝다고 할 수 있다.

이처럼 기존 경제학에서 가정하고 있는 합리적인 인간이 아닌 제한된 합리성을 갖고 있는 인간으로서 인간에 대한 평가가 급전직하할 수밖에 없는 원인은 인간이 의사결정 과정에서 종종 활용하는 감성적 의사결정에서 찾을 수 있다. 실제로 합리적인 인간이 거래를 하는 시장에서 정작 소비자들은 거의 매일 합리성과는 거리가 먼 행동들을 아무 거리낌 없이 보여주곤 한다. 인간은 합리적이지만 소비자들은 비합리적이어서 그런 것일까? 그렇지 않다. 처음부터 "인간은 합리적이다."라는 가정 자체가 지나치게 과장된 측면이 있다. 그렇기 때문에 즉, 인간의 합리성이 지나치게 과장되었기 때문에 소비자 역시 지나치게 합리적으로 행동할 것이라고 부풀려진 것이라고 할 수 있다.

실제로 소비자들은 너무 자주 시장에서 비합리적인 행태를 보이곤 하는데, 이때 나타나는 대표적인 현상 가운데 하나가 바로 감정적 휴리스틱Affective Heuristic 현상이다. 휴리스틱이란 이른바 '주먹구구식' 또는 '어림짐작' 정도로 정의할 수 있다. 예를 들어, 누군가 당신에게 서울시청에서 부산 해운대까지 자동차로 이동할 경우 얼마 정도가 소요될지를 물었다고 가정하자. 이때 당신은 어떻게 답을 하게 될까? 아마도 서울시청에서 가장 친근하고 익숙한 도시까지 소요되는 시간을 대충 계산한 후 이를 기초로 휴리스틱 즉, 주먹구구식 어림짐

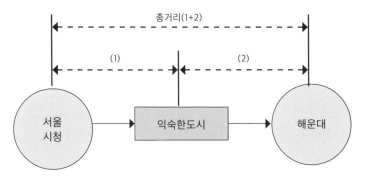

간단한 휴리스틱의 예

총거리(1+2)

(1)　　　　　　(2)

서울
시청　　→　익숙한도시　→　해운대

작을 통해 그 도시로부터 해운대까지의 소요시간을 계산한 후 두 소
요시간을 합산할 것이다. 또한 제품을 구입할 때 단순히 브랜드를 보
고예: 스마트폰은 역시 노트, 갤럭시S 시리즈가 좋아. 삼성전자는 믿을 수 있으니까 등등 구매
하는 행동 역시 휴리스틱에 따른 의사결정이라고 할 수 있다.

　　바론Baron[33]은 휴리스틱이 인간이 가지는 본래의 성향임을 강조하
고 휴리스틱을 인지해야 한다고 주장하기도 했는데, 이는 휴리스틱이
단순한 감정적이고 일시적 요인이 아닌 인간에게 내재하는 원초적
요인임을 의미하는 것이라고 할 수 있다. 한편 트버스키Tversky · 카너
먼Kahneman[34]의 연구에 따르면, 감정적 휴리스틱 가운데 사람들이 어
떤 사례나 경우에 대한 기억이 쉽게 떠오르는 정도에 따라 어떤 사건
의 빈도나 부류를 파악하는 현상을 가리켜 가용성 휴리스틱Availability
Heuristics이라고 한다.

　　그럼 지금부터 가용성 휴리스틱이 어떻게 사람들의 사고에 영향

을 미치게 되는지를 살펴보자. 예를 들어,[35] 당신은 지금 대학생이다. 만약 누군가 당신에게 당신의 대학교에는 콜로라도와 캘리포니아 중 어디에서 온 학생들이 더 많은가를 묻는다면, 이용가능성 휴리스틱 하에서, 아마도 당신은 주어진 질문에 대해 캘리포니아와 콜로라도 학생들에 대한 적절한 사례의 이용가능성에 기초해 답을 할 것이다. 좀 더 쉽게 말해 당신이 알고 있는 학생 중 캘리포니아에서 온 학생들을 더 많이 떠올리면 떠올릴수록 당신의 학교에는 캘리포니아에서 온 학생들이 더 많을 것이라는 결론을 내리게 될 것이라는 뜻이다.

또 다른 경우를 생각해보자.[36] 어떤 사람이 뉴스 기사를 통해 "고양이들이 커다란 나무에서 떨어져도 무사했다."라는 내용을 자주 접하게 되면, 그는 "고양이들은 높은 데서 떨어져도 견딜 수 있을 만큼 튼튼하다."고 믿게 될 것이다. 그렇다면 과연 고양이들은 높은 곳에서 떨어져도 무사할 정도로 튼튼한 신체구조를 자랑하는 동물일까? 그렇지 않다. "고양이들이 높은 나무에서 뛰어내렸는데도 무사하다."는 기사들이 "고양이들이 나무에서 떨어져 죽었다."는 기사들에 비해 압도적으로 더 많이 뉴스로 다뤄져서 그런 것일뿐 사실과는 거리가 있기 때문이다. 즉, 현실에서는 고양이들이 나무에서 떨어져 죽는 현상이 더 일반적인 것이다.

자, 이번에는 당신의 할아버지가 100세까지 장수하셨는데 평생을 하루 한 갑씩 흡연을 하시면서 살았다고 하자.[37] 이럴 경우 흡연과 건강에 대한 당신의 견해는 어떻게 형성될까? 아마도 당신은 흡연이 건강에 유해하지 않다고 주장하게 될 것이다. 가장 가까운 가족인 당신의 할아버지가 매일 한 갑의 담배를 피웠음에도 불구하고 100세까지 살았기 때문이다. 그러나 당신이 그렇게 주장한다고 해도 과학적 근거에 기초할 때 흡연은 분명 건강에 매우 해로운 생활습관인 것이 확실하다. 단지, 당신의 할아버지가 비정상적인 경우일 뿐이고 이를 흡연자들에게 일반화시킬 수 없기 때문이다.

이처럼 가용성 휴리스틱은 합리적 의사결정이 아닌 주먹구구식 의사결정의 하나라고 정의할 수 있다. 그런데도 사람들은 너무 자주 가용성 휴리스틱에 휘둘리곤 한다. 아마도 쉽게 생각이 떠오르는 경우라면 더욱 그럴 수 있을 것이다.

한 가지만 가지고
전체를 파악할까?

대표성 휴리스틱

트버스키·카너먼[38]은 대표성 휴리스틱을 어떤 사건의 확률을 알고
자 할 때, 그 사건이 모집단의 특성을 대표하거나 그 발생과정을 대표
하는 정도에 따라 확률판단을 하는 현상이라고 정의하였다. 세프린
Shefrin[39]은 이런 현상을 가리켜 전형Stereotype에 기초하여 판단을 하
는 현상이라고 정의하기도 하였다. 이에 기초할 때 대표성 휴리스틱
Representativeness Heuristics은 결국 불확실성 하에서 어떤 사건의 확률
에 대한 의사결정을 하고자 할 때 사용되는 휴리스틱이라고 할 수 있
는 것이다.

떠오르는 생각 그대로의 직관

자료 : 픽사베이

　보통 인간은 특정 사건의 발생 가능성을 예측하고자 할 때 다양하고 새로운 정보를 습득하게 되는데, 이때 습득한 정보를 특정 사건을 대표할 수 있는 것으로 판단해 의사결정의 오류를 범하게 된다. 트버스키·카너먼에 따르면, 사람들은 첫째, 대상 A가 B부류에 속할 확률은 얼마나 될 것인지, 둘째, 사건 A가 과정 B에서 파생되어질 확률은 얼마나 될 것인지, 셋째, 과정 B가 사건 A를 초래할 확률은 얼마나 될 것인지 등과 같은 형태의 통계적 질문과 연결되는 경우 대표성 휴리스틱에 근거해 답을 하게 된다. 이때 A가 B를 대표하는 정도에 따라 확률을 평가하고, 그것은 A가 B와 비슷한 정도를 의미한다.

대표성 휴리스틱에는 결과의 사전확률Prior Probability에 대한 무시, 표본 크기에 대한 무시, 우연한 사건에 대한 오해misconception of Chance, 예측가능성에 대한 둔감성Insensitivity to Predictability, 타당성에 대한 착각Illusion of Validity, 평균으로의 회귀Regression toward the mean 무시 등이 있다.

다음은 트버스키·카너먼이 발표한 논문에서 대표성 휴리스틱 가운데 결과의 사전확률에 대한 무시의 한 예로 제시한 실험이다.

Q 스티브의 직업은 무엇일까요?

스티브는 수줍음이 많고 위축되어 있으며 남을 잘 도와주는 사람이다. 그러나 현실세계에는 관심이 없다. 그는 온순하고 깔끔한 성격이며 질서와 구조에 대한 욕구가 있고, 사소한 일에 열심을 다하는 사람이다. 스티브의 직업은 농부, 세일즈맨, 비행기 조종사, 사서, 의사 중 어떤 것이겠는가?

결과의 사전확률인 기저율Base Rate을 무시하는 사람들은 특정 사건에 대한 확률 추정에 있어 그 사건과 관련된 기저율을 무시하는 경향을 보인다. 그런데 이 경우, 사건에 대한 과대추정 현상을 보이게 된다. 위 실험에서 많은 사람들이 스티브에 대한 정보를 기초로 스티브의 직업이 사서일 확률이 높다고 답하였다. 왜 그랬을까? 이유는 바로 스티브와 관련해 제시된 내용이 전형적인 사서의 특징과 잘 부합된다고 판단했기 때문이었다. 얼핏 보면 스티브의 직업이 사서일 것이라고 확률적인 판단을 내린 사람들이 크게 잘못되지 않은 것처

럼 보일 것이다. 그러나 실제로는 이런 실험참가자들의 답변은 지극
히 잘못된 것이었다.

가장 기초적인 사항을 무시한 확률적 판단을 했기 때문이다. 즉,
전체 인구 가운데 각 직업이 차지하는 비율을 고려해 판단 예를 들면, 전
체인구 중 농부가 사서보다 많으므로 확률에 대한 합리적인 예측을 시도했다면 스티브의 직업을
사서가 아닌 농부라고 답해야 했던 것이다을 해야 했음에도 불구하고, 스티브의
개인적 속성이 사서를 대표한다는 생각만으로 사서라는 확률적 판단
을 내렸던 것이다. 대표성 휴리스틱 가운데 사전확률에 대한 무시가
작용한 결과라고 할 수 있다.

같은 논문에서 트버스키·카너먼은 표본 크기에 대한 무시와 관련
된 실험결과도 제시하고 있는데 그 내용은 다음과 같다.

어떤 병원에서 사내 아이들이 많이 태어날까?

어떤 마을에 2개大, 小의 병원이 있다.

종류	매일 출생아
大 병원	45명
小 병원	15명

각 병원별 일일 출생아의 수가 위와 같을 때 1년 동안 남아 출생
비중이 60%인 날이 더 많은 병원은 어디일까?

이런 실험에서 다수의 실험참가자들은 大 병원과 小 병원 사이에

거의 차이가 없을 것이라고 응답했다. 즉, 실험참가자들이 표본의 크기와 상관없이 두 표본이 모두 모집단의 분포와 비슷한 양상을 보일 것이라고 판단한 것이다. 그러나 실제로 통계적인 측면에서 볼 때, 小병원은 표본의 크기가 작아 변동폭이 더 클 수밖에 없다. 따라서 50%에서 벗어나는 비율을 얻을 확률이 더 클 것이다. 그럼에도 불구하고 다수의 실험참가자들이 표본 크기에 대한 무시로 인한 대표성 휴리스틱 현상에 사로잡혀 거의 차이가 없을 것이라고 응답했다.

사실 표본 크기에 대한 무시로 인해 발생하는 대표성 휴리스틱 현상은 우리 주변에서 어렵지 않게 발견할 수 있다. 가령 당신이 펀드를 가입하기 위해 금융기관을 방문했다고 하자. 이 때 당신은 어떤 펀드에 가입하기 원할까? 아마도 최근의 실적이 가장 좋은 펀드에 가입할 것을 검토하게 될 것이다. 왜 그럴까? 좋은 실적을 올리고 있는 펀드가 앞으로도 좋은 실적을 올릴 것이라고 생각하기 때문이다.

이 외에도 우리나라의 민간요법에서 흔히 통용되고 있는 치료원리 가운데 대표적인 것으로 '병과 치료법 사이의 연관관계'를 고려하는 것 역시 대표성 휴리스틱이 작용한 결과라고 할 수 있다. 예를 들면, 뼈가 좋지 않은 사람은 사골국물이 이롭고, 성기를 닮은 음식을 먹으면 정력에 도움이 되며, 힘이 좋은 생선이나 동물이 건강에 도움이 된다는 믿음이 바로 그것이다. 또한 남녀의 차이에 따른 고정관념이나 인종, 출신지역에 따른 고정관념 역시 대표성 휴리스틱의 예라고 할 수 있다.

불확실한 사건을 예측할 때 왜 처음에 설정한 기준에 휘둘릴까?

기준점과 조정

애리얼리Ariely 등[40]에 따르면, 사람들은 큰 의미가 없는 어떤 정보를 얻을 경우 이를 무시하기 보다는 의미 있는 것으로 받아들이고 이를 의사결정에 반영하는 경향이 있다. 이것은 어떤 정보가 획득된 후 사람들에게 각인되었을 경우 지속적으로 의사결정에 영향을 미칠 수 있다는 것을 의미한다. 그런데 이렇게 내재된 정보들은 불확실한 상황일수록 의사결정에 더 큰 영향을 미치게 된다. 이처럼 사람들의 인식 속에 각인된 정보들이 작용한 결과, 사람들이 임의적으로 일관성을 유지하고자 하는 성향으로 인해 발생하는 것이 바로 기준점 효과이다.

한편 트버스키와 카너먼은 사람들은 최종 의사결정을 최초 값
initial value을 중심으로 하게 됨으로써, 최초 값이 변화되면 의사결정
도 달라지는데 이를 기준점 효과라고 하고, 최종 의사결정이 최초 값
으로부터 크게 벗어나지 않는 현상을 가리켜 불충분한 조정insufficient
adjustment이라고 정의하였다. 그렇다면 실제로 기준점과 불충분한 조
정 휴리스틱은 어떻게 발생하게 되는 것일까? 다음은 트버스키·카너
먼이 기준점과 불충분한 조정 휴리스틱을 보여주기 위해 제시한 실
험이다. 이를 통해 기준점과 불충분한 조정에 따른 휴리스틱 현상을
이해할 수 있을 것이다.

트버스키·카너먼은 두 집단의 고등학생들에게 각각 다음의 수식
을 계산하도록 하였다. 단, 제한 시간은 5초였다.

집단 1) $8 \times 7 \times 6 \times 5 \times 4 \times 3 \times 2 \times 1$
집단 2) $1 \times 2 \times 3 \times 4 \times 5 \times 6 \times 7 \times 8$

5초 이내에 계산을 해야 했기 때문에 각 집단의 학생들은 처음 한
두 개의 계산은 정확히 암산을 했겠지만, 나머지는 추정을 한 후 조
정과정을 거쳐 최종적으로 답을 제시했을 것이다. 위 수식의 정답
은 40,320이다. 그런데 실험결과 첫 번째 집단의 학생들이 제시한 답
의 중간값median은 2,250, 두 번째 집단이 내놓은 답의 중간값은 512

였다. 정답에서 큰 차이가 나는 것은 어쩔 수 없었을 것이다. 불과 5초 이내에 위의 수식을 정확하게 계산하기는 매우 어렵기 때문이다. 다만, 똑같은 답을 갖고 있는 수식에 대해 중간값의 차이가 너무 크다. 왜 이런 현상이 생겼을까? 각 집단이 위에서 제시한 수식 계산에 있어 활용한 기준점이 달랐다는 점에서 그 원인을 찾을 수 있다. 즉, 첫 번째 집단은 수식 계산의 기준점이 가장 큰 숫자인 8, 7, 6이고 두 번째 집단은 1, 2, 3이었기 때문에 이를 기초로 계산한 후 불충분한 조정과정을 거치다 보니 두 집단 간의 차이가 크게 발생한 것이다. 이 사례와 같은 기준점과 불충분한 조정 휴리스틱 현상은 소비자들이 일상생활에서도 손쉽게 발견할 수 있다.

자, 지금 당신이 대형할인매장 혹은 인터넷 쇼핑을 통해 제품을 구매한다고 하자. 그리고 다음의 그림과 같은 내용을 접한다면 당신은 이를 어떻게 받아들이겠는가?

필립st면도기는 가격이 최고 69% 할인해 판매하고 있고 핸디형 스팀 청소기는 최고 65% 할인해 판매하고 있음을 알 수 있다. 큰 폭으로 가격을 할인해 판매하고 있는 셈이다. 이 그림을 보면 모두 할인율이 높다는 것을 확인할 수 있다. 이 중 가장 할인폭이 큰 필립st면도기는 할인 전 가격이 9만 6,500원이고 할인 후 가격은 69%가 할인되어 2만 9,900원에 판매되고 있다. 이러한 할인가격을 접하게 된다면 분명 당신은 큰 폭의 할인율을 보면서 "야. 이 면도기 정말 저렴하구나!"라는 생각을 하게 될 것이다.

정상가격 vs 할인가격

초단기사용! 삼성노트북5 울트라북 ★ 코어
i5 듀얼스토리지

698,000원 1,199,000 **41**%

[1+1]특가! LG정품셀 대용량 보조배터리
18000 블랙+화이트(총2개 발송)

28,000원 65,900 **57**%

2019 런칭기념 할인행사 [잉글리쉬맨2] 대
륙의 실수 필립st 면도기

29,900원 96,500 **69**%

99%살균 스팀청소기 |

[세인트갈펜] 핸디형 99.9% 살균 스팀청소
기

31,900원 82,170 **65**%

피톤따 청소기[해피한] 99.9% 살균 해피한
멀티스팀 청소기

39,900원 62,570 **36**%

4만원 할인!! 리퍼비시 [카치]스팀청소기
SC2 EASY FIX PLUS

139,000원 248,000

스팀과살균을 한번에! 캔디스팀젯 2IN1 청
소기

520,000원 1,163,000 **55**%

자료 : AJ전시몰

사실 할인폭이 매우 크니 정말로 매우 저렴한 상품일 가능성도 배
제할 수는 없을 것이다. 그러나 어떤 제품의 가격이 싼 것인지 아니
면 비싼 것인지에 대한 판단 기준은 그 상품의 가치가 어느 정도인가
에 달려 있는 것이지 할인율이 얼마나 큰지에 달려 있는 것은 아니다.
이런 점에서 볼 때 상품에 대한 가치를 기초로 한 적정가격을 모르는
상황에서 기준점할인 전 가격은 매우 높고 실제 판매가격은 기준점보다
낮기 때문에 단순히 싸다고 느끼는 것은 전형적인 기준점과 불충분
한 조정 휴리스틱 현상이라고 할 수 있다.

경제생활에 있어 기준점을 설정하는 것은 매우 중요하다. 숙명적

으로 사람들은 대부분 기준점 설정 이후 비합리적인 조정 과정을 거치기 때문이다. 가장 최근에 내가 범한 잘못된 기준점 설정과 그에 따른 비합리적인 조정 과정 때문에 피해를 본 것이 있다면, 그것은 무엇인지 왜 그래야만 했는지를 차분하게 생각해보는 것도 도움이 될 듯하다.

왜 사람들은 스스로
어떤 틀에 갇혀 있을까?

프레이밍 효과

프레임이란 어떤 상황이나 문제의 표현방법을 의미하며, 프레임이 어떻게 주어지느냐에 따라 선택이 달라지는 현상을 프레이밍 효과라고 한다. 주류 경제학에서의 선호는 주어진 것이고 따라서 불변의 원칙으로 받아들이고 있는 데 비해, 행동경제학에서의 선호는 동일한 사건이나 상황임에도 프레임이 어떻게 제시되었느냐에 따라 달라지는 것으로 받아들여지고 있다.

좀 더 이해하기 쉽게 예를 들어 설명해보자. 보험에 가입하는 경우 가입기간에 따라 세금이 달라진다. 보통 가입기간이 길면 길수록 절세효과가 커지는 구조를 보이게 된다. 학계의 연구에 따르면, 보험료를 납부할 때 세금이 공제되는 경우와 공제 없이 보험료를 납부했다가 일정 기간 경과에 따라 세금을 환급받을 경우 비록 공제금액과 환급금액이 동일하더라도, 보험 가입자들은 동일한 보험료를 납부하려고 하지 않는 경향을 보인다.

뿐만 아니라 소비자들 역시 일시불로 구매하는 경우와 할부로 분할해 대금을 지급하는 형태로 구매하는 경우에 따라서 그 상품을 구매하는 데 있어 관련 있는 여러 속성들 가운데 어떤 것을 보다 중요하게 고려하여 구매할 것인지에 대한 가중치도 달라진다고 한다. 이는 동일한 가치를 갖고 있는 정보라고 하더라도 제시되는 프레임에 따라서 어떤 사건에 대한 지각뿐만 아니라 고려되는 속성과 행동에도 영향을 줄 수 있다는 것을 의미한다.

이쯤 되면 프레이밍 효과가 어떤 것인지 어느 정도 감을 잡았을 것이다. 그럼 지금부터 과연 기업들은 구체적으로 어떻게 프레이밍 효과를 마케팅에 접목해 소비자들의 지갑을 열고 있는지를 살펴보자.

보험회사나 제약회사, 병원 등과 같이 국민들의 건강과 관련된 분야가 주 사업영역에 속하는 기업들은 자신들의 상품을 구매하는 소비자들의 건강에 초점을 맞춘 마케팅함으로써 이익의 극대화를 추구한다. 그런데 '건강'을 주제로 마케팅을 하는 경우 본질적인 측면에서 볼 때 단 두 가지의 방식으로 소비자들의 지갑을 열 수 있다. 하나는 건강을 유지하거나 회복할 경우 기대할 수 있는 이익 측면을 강조하는 것이고, 다른 하나는 건강을 잃게 될 경우 초래되는 손실 측면을 강조하는 것이다. 이익 측면을 강조하는 마케팅은 건강이 가져다주는 혜택인 활력 있는 삶, 즐거움, 여유 등을 강조하는 반면, 손실 측면을 강조하는 마케팅은 예방, 건강을 잃게 될 경우 초래되는 슬픔, 고통, 괴로움 등을 강조하게 된다.

대웅제약의 우루사는 '건강'을 통해 얻을 수 있는 이익에 초점을 맞춘 마케팅 사례라고 할 수 있다. 우루사는 과거부터 꾸준히 활력 있는 삶, 건강한 삶을 강조하는 광고로 정평이 나 있는데, 이 같은 사실은 광고를 통해 가장 강조하는 내용이 '활력 있는 삶', '건강한 삶'이라는 점을 통해서도 확인할 수 있다. 그래서 한때 광고 콘셉트와 잘 어울리는 차범근 감독과 아들인 축구선수 차두리 씨를 광고 모델로 내세움으로써 큰 반향을 불러일으키기도 했다.

한편, 운전자보험은 보험을 통해 기대할 수 있는 이익을 강조하는 보험상품이 아닌 혹여 있을지도 모르는 사고를 대비하는 예방적 성격의 보험상품이다. 즉, 손실예방에 초점을 맞춘 상품인 것이다. 운전자보험이 손실예방에 초점을 맞춘 보험상품이라는 것은 운전자보험의 특징을 통해서도 확인할 수 있다. 실제로 운전자보험은 만기가 되어도 원금을 전액 돌려받지 못하는 상품이다. 운전자보험 자체로는 이자수익 등과 같은 재테크 목적의 이익창출이 불가능한 상품인 것이다. 그럼에도 불구하고 사람들이 운전자보험에 가입하는 이유는 만일의 경우 발생하게 될 교통사고로가 초래하게 될 불측의 손실로부터 보호받기 위해서다.

이처럼 우루사와 운전자보험은 서로 성격이 다른 상품이지만 프

프레이밍 효과를 활용한 사례

a) 이익 측면에 초점을 맞춘 우루사

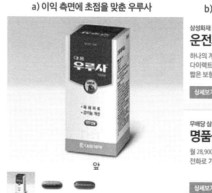

앞

b) 손실예방에 초점을 맞춘 보험상품

삼성화재 다이렉트 (소멸성)
운전자보험 다이렉트
하나의 계약으로 부부, 가족이 함께 보장 가능
다이렉트로 보험료 15% 할인!
짧은 보험기간에 가벼운 보험료

상세보기 > | 보험료 계산/가입 >

무배당 삼성화재
명품콜 운전자보험 RC 친설형
월 28,900원으로 OK!
전화로 가입하는 TM전용 운전자보험

상세보기 > | RC상담신청 >

자료 : 대웅제약 홈페이지

레이밍 효과를 활용해 매출을 발생시키고, 이를 통해 이익극대화를 추구하고 있다는 점에서는 공통점이 있다. 그런데 한 가지 재미있는 사실은 학계의 연구결과들을 보면, 통상 건강과 관련된 광고의 경우 손실비용과 관련된 부분에 초점을 맞춘 마케팅 방식이 건강상의 이익에 초점을 맞춘 마케팅 방식에 비해 효과적인 것으로 나타나고 있다. 향후 보험회사나 제약회사, 병원, 스포츠 용품 등 건강과 관련된 사업영역의 상품들이 어떤 형태의 마케팅을 통해 소비자들의 지갑을 열게 될 것인지를 지켜보는 것도 매우 흥미로운 일이다.

사람들은 효용보다 가치를 중시한다

프로스펙트 이론

주류 경제학에 따르면, 사람들은 불확실성 하에서 다양한 선택대안들에 직면하게 될 경우, 이성적인 판단에 기초해 가장 합리적인 대안 즉, 결과물에서 기대할 수 있는 효용이 극대화되는 대안을 선택하게 된다. 이를 가리켜 기대효용이론Expected Utility Theory 이라고 한다. 참고로 불확실성 하에서의 선택이란 실현 가능성이 있는 여러 가지 확률 분포의 추정에 기초해 효용을 극대화하는 대안을 선택하는 것을 말하며, 이때 효용은 기대수익으로 표시된다. 기대효용이론의 가장 중요한 명제는 위험회피Risk Aversion 현상이다. 어떤 선택대안이 있을 경우, 사람들은 기대효용이 동일할 때 결과물이 확률분포로 제시되는 불확실한 대안에 비해 결과물이 확정적으로 제시되는 대안을 선호한다.

의사결정자의 위험회피 성향은 볼록한 형태의 효용함수Concave Utility Function에 의해 나타난다. 효용함수에 의하면, 불확실한 조건 하에서는 2만 원이 가져다주는 효용이 1만 원이 가져다주는 효용의 2배가 될 수 없다. 기대효용이론은 사람들이 위험중립이라고 가정하고 있는데, 위험중립이란 효용함수의 형태가 선형이고 의사결정자는 결과의 확실, 불확실성과 관계없이 기대수익이 같으면 동일한 의사결정을 하게 된다는 것을 의미한다. 예를 들어, 골프 대회에 참가한 선수가 1등을 할 수 있는 확률이 5%이고 상금이 1,000만 원이라면 기대수익은 확률5%에 상금1,000만 원을 곱한 50만 원이 되는 것이다.

그런데 카너먼 · 트버스키[41]는 의사결정자가 위험이 수반되는 의사결정을 할 때, 전통적인 기대효용이론의 정리들에서 위배되는 의사결정을 한다는 점을 실험을 통해 입증하였다. 그 핵심은 기대손익의 크기가 같더라도 이익에 따르는 기쁨보다는 손실에 따르는 괴로움을 더 강하게 느끼기 때문이다. 다시말해 이익에 대해서는 위험을 회피하는 경향risk aversion을 보여 이익을 실현하는 반면, 손실에 대해서는 위험을 선호risk taking하여 손실실현을 회피하려는 경향을 보인다손실에 대한 위험 선호적 태도란 '확실한 손실을 감수하기보다 조금이라도 손실을 회피할 수 있는 가능성만 있다면 더 큰 손실'을 감수하고서라도 손실을 회피할 가능성이 있는 대안을 택한다는 의미임는 데 있다.

트버스키·카너먼의 실증연구 결과에 따르면, 손실에서 오는 심리적 고통이 같은 금액의 이익에서 얻는 심리적 만족에 비해 약 두 배 정도에 이른다. 즉, 주류 경제학의 기대효용이론에서 주장하는 것처럼 효용utility이 극대화되는 방향으로 의사결정이 이루어지기보다, 판단기준점reference을 중심으로 비대칭적 의사결정이 이루어지는 것이다. 최종적인 부final wealth보다는 판단기준점에서 부의 변화change가 의사결정에 중요하게 작용한다는 뜻이다. 기대효용이론의 효용함수에 해당하는 프로스펙트 이론의 가치함수는 아래 그림과 같이 이득상황에서는 오목concave한 형태로 위험회피 경향을, 손실상황에서는 볼록convex한 형태로 위험선호 경향을 나타나면서 동일한 금액의 이득에 비해 손실의 경우 가치가 크다.

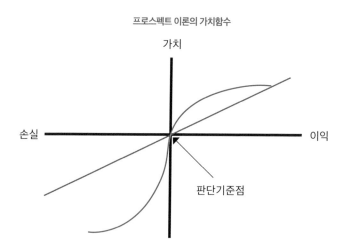

또한 결과의 가치는 판단기준점현재 상황에 대해 상대적으로 결정되며, 이익 손실 양쪽 모두 판단기준점에서 멀어질수록 단위당 가치변화는 둔화된다. 주요 특징으로는 가치함수는 부의 수준level이 아니라 부의 변화change라고 할 수 있는 이익과 손실의 수준에서 정의된다. 이익과 손실은 의사결정자의 판단기준점reference point을 중심으로 결정된다.

가치함수의 형태는 이익영역에서는 오목concave하며 손실영역에서는 볼록convex한 'S'자 형태로 되어 있다. 즉, 오목한 형태는 위험회피형을, 볼록한 형태는 위험추구형을 의미한다. 가치함수의 기울기는 이익영역에서보다 손실영역에서 더 가파르다. 즉, 손실로 인한 고통이 이익으로 인한 만족보다 크다는 것을 의미한다. 앞 그림의 좌우비대칭적 가치함수가 프로스펙트 이론의 대표적 특성인 손실회피성향을 반영하고 있어서, 프로스펙트 이론은 종종 손실회피loss aversion와 같은 의미로 사용되기도 한다.

프로스펙트 이론의 또 하나의 이론적 기반은 '확률가중함수'인데, 이는 어떤 확률이 작을 때는 과대평가하는 데 비해 확률이 중간 이상으로 커지면 과소평가하는 것을 의미한다. 다시 말해, 낮은 확률일 때는 과대평가 현상이 발생하고 이에 따라 이익에 대해서는 위험을 추구하는 데 반해, 손실에 대해서는 위험을 회피하려고 한다. 한편 중간 이상으로 높은 확률일 때는 과소평가현상이 발생하고 이익에 대해서는 위험을 회피하는 데 반해, 손실에 대해서는 위험을 추구한다는 것이다.

왜 사람들은 다른 사람들을 따라 소비하는 것일까?

양떼행동 이론

사람들은 아주 사소한 것에서부터 중차대한 사안에 이르기까지 다양한 의사결정을 하게 되는데, 이 과정에서 여러 가지 형태로 다른 사람들의 영향을 받아 의사결정을 하게 된다. 이를 가리켜 양떼행동herd behavior이라고 한다. 즉, 양떼행동은 개별 행위자들이 다수의 다른 행위자들의 행위를 모방함으로써 많은 사람들이 동일한 행동을 하게 될 경우 발생하게 되는 것이다. 심리학자 셰리프Sherif[42]는 자동운동 autokinetic movement에 대한 실험을 통해 이런 양떼행동 즉, 사람들이 타인의 의사결정을 의미 있는 정보로 간주해 자신의 의사결정에 활용하는 경향이 있다는 것을 밝혔다.

한편 셰리프는 사회규범이 어떻게 형성되며 사람들이 그 규범에 어떻게 동조하지를 파악하기 위한 실험을 했다. 실험참가자들을 차례로 빛이 완전히 차단된 암실로 데려와 의자에 앉힌 다음, 일정거리대략 4.5미터 앞에 아주 작은 불빛을 제시하고 그 불빛이 움직인 거리를 추정하도록 하였다. 시각의 착시현상을 이용한 광점 자동운동정지된 물체를 착시효과 때문에 움직이는 물체로 보이도록 하는 실험이었다. 실험 후 실험과 관련해 셰리프가 개별 실험참가자들에게서 평가와 의견을 구했을 때 실험참가자들의 평가나 의견은 제각각이었다. 착시효과로 인한 자연스러운 결과였다.

그런데 실험참가자들을 소집단으로 분류한 후 실험을 다시 진행하자 서로 제각각이었던 개인들의 의견이 서로 유사해지는 것을 발견했다. 빛이 움직인 거리에 대한 집단 내 기준이 형성된 결과였다. 또한 실험이 반복되더라도 형성된 집단 내 기준은 흔들림이 없었고 기준에 대한 의존현상도 강해졌다. 이 실험은 학교나 동창회 등 비슷한 집단 혹은 범위를 좀 더 확대해 국가나 민족 내에서 그 구성원들이 매우 강한 신념을 갖거나 동질적 행동양떼행동을 하는 이유를 파악하는데 단초를 제공하였다.

더 나아가 셰리프는 실험참가자들에게는 비밀로 한 채 실험 도우미를 실험에 참여시킨 후, 실험 도우미로 하여금 단호하게 자신의 견해를 주장하도록 했다. 그러자 소규모 집단 전체가 실험 도우미의 견해와 비슷한 견해를 갖게 된다는 것을 발견하였다. 또한 실험 1년 후에도 실험과 관련된 각자의 의견을 말할 때도 여전히 기존의 입장을 견지했다는 사실을 발견하였다. 이런 사실은 답하기 어려운 문제에 직면할 경우, 그와 관련된 전문적 지식이 없더라도 자신의 견해나 의지가 확고한 사람이 있다면 그는 자신이 속해 있는 집단 전체의 견해에 영향을 미칠 수 있다는 것을 의미한다는 점에서 매우 중요하다.

셰리프의 실험은 대중들이 다양한 이슈와 맞닥뜨릴 때 충분한 정보를 가지고 있지 못한 상황에서, 각각의 이슈가 심각한 문제인지 여부 내지는 우려할 만한 수준인지를 판단해야 할 경우, 전문가들의 말보다 전문가들처럼 목소리 높여 떠들어 대는 사이비 전문가들에게 쉽게 휩쓸릴 수 있다는 점을 지적하는 것이라고 할 수 있다. 한편 좀 더 우리와 친숙한 사회현상 속에서도 다양한 양떼행동을 발견할 수 있다. 대통령 선거철만 되면 어김없이 재현되는 이런저런 대세론이 바로 그것이다. 대세론이란 당선확률이 높은 후보에게 지지가 몰리는 현상을 말하는데, 쿠키먼Cukieman[43]에 따르면 이 역시 전형적인 양떼행동 가운데 하나이다.

총선에서도 일정 수준 이상 양떼행동이 발생하곤 한다. '총선에 관한 유권자 의식조사' 결과에 따르면 총선에서 '가족 · 친구 · 이웃과의 대화'를 통해 정당 및 후보자를 선택했다는 응답자가 28.9%로 가장 높았던 것으로 나타났다. 한편 모바일 통신기기 시장에서도 일정 수준 이상의 양떼행동이 발생하고 있다. 5G시대가 개막된 이후, 4G에서 5G로 이동하는 수요자들이 크게 증가하고 있는데 당장 5G의 효과가 크지 않음에도 불구하고 가족 · 친지 · 이웃 · 친구 · 직장동료 등이 4G에서 5G로 이동함에 따라 덩달아 이동한 경우가 많다. 전형적인 양떼행동이라고 볼 수 있다. 이 밖에 사람들의 일상생활에서도 양떼행동은 빈번하게 발견된다고 할 수 있다. 오랜만에 가족이 외식할 식당을 고를 때 얼마나 맛있고 소문난 곳인지를 인터넷이나 SNS 혹은 지인들에게 물어본 후 결정하는 것이나, 고등학교 혹은 대학교 입학과정에서 얼마나 명문교인가를 선배나 지인 등을 통해 확인한 후 선택하는 것 역시 우리가 종종 접하게 되는 양떼행동 가운데 하나이다.

쇼핑 또한 양떼행동을 적나라하게 보여주는 전형적인 사례가 될 수 있다. 오프라인 대형할인매장에서 쇼핑을 하다 보면 인파가 몰려드는 곳에 더 많은 사람들이 계속 몰려드는 현상을 어렵지 않게 발견할 수 있다. 인파가 많이 몰려 있는 곳에 뭔가 특별한 것이 있을 것이라는 막연한 기대감이 작용한 양떼행동이 발생한 결과이다.

온라인 쇼핑 공간에서도 양떼행동을 어김없이 찾아볼 수 있다. 대표적으로 가격이 저렴해서 소비자들이 많이 구매한 제품 혹은 상품 리뷰가 호의적인 제품이 유사제품이나 보다 매력적인 제품에 비해 더 잘 팔리는 경우를 들 수 있다. 반대로 초기에 상품에 대한 부정적 리뷰가 남겨질 경우 계속해서 부정적 리뷰를 발생시키는 상황을 초래하기도 한다. 이로 인해 자신의 개인 정보를 무시한 채, 부정적 리뷰에 동참했던 사람들의 의견을 모방한 의사결정을 하게 되고 이에 따라 제품 판매에 어려움을 겪기도 한다.

옥션의 경매방식을 통한 인터넷 쇼핑

경매
다이와 DXR METAL TUNE 尾長2-50 가이드 대
현재가 390,000원
즉구가 400,000원
입찰자 0 6/12 23:03
euwidi
경매
블케/갤럭시s8+(6.2인치) 럭셔리 플립케이스(핑크)
현재가 16,000원
즉구가 20,000원
입찰자 0 6/10 18:03
블랙케이스
경매
최신 트로트와 뽕짝 2200곡이내장된 TF카드와 MP3
현재가 16,900원
즉구가 19,900원
입찰자 0 6/10 08:00
제라노
경매
100 아이더 남성 등산긴팔 달봉이샵 남자
현재가 9,900원
입찰자 0 6/10 21:00
일수꼬얌
경매
드네롤/수입의류/면레이온 연베이지 패턴 블라우스
현재가 8,900원
입찰자 0 6/10 20:00
경매
딱이다/PAT/신축성 카라넥 티셔츠/ 남성 100
현재가 5,900원
입찰자 0 6/10 00:00
경매
블케/갤럭시S8(5.8인치) 고급 가죽 백커버(브라운)
현재가 13,000원
즉구가 16,000원
경매
110 도이터 남성 등산조끼 달봉이샵 남자
현재가 9,900원
입찰자 0 6/10 21:00

자료 : 옥션

왜 사람들은 이미 지출되어버린 것에 집착할까?

매몰비용 오류

경제학에서 가정하는 합리적이고 이성적 인간에게 이미 지출이 끝나서 되돌릴 수 없는 비용인 매몰비용Sunk Cost은 의사결정 과정에서 고려의 대상이 아니다. 매몰비용은 이미 지출되었기 때문에 회수가 불가능한 비용이다. 과거 속으로 사라져 버렸기 때문에 현재 시점에서는 다시 쓸 수 없는 비용이라는 뜻이다. 예를 들어, 어떤 화장품이 피부에 좋은지 알아보기 위해 A 화장품을 구매했다고 하자. 이 경우 A 화장품이 자신의 피부에 적합하지 않아 B 화장품 구입을 고려한다고 할 때, A 화장품의 구입을 위해 지출한 비용이 바로 매몰비용이 되는 것이다.

희소한 자원을 효율적으로 배분하기 위해 기회비용이 적은 것을 선택하고 기회비용이 적은 것을 선택하는 것이 합리적인 선택인 이상 매몰비용을 고려하는 것 자체가 비합리적이기 때문이다. 그러나 실제로는 기존의 주류 경제학에서 가정하는 것과는 다르게 사람들은 너무도 빈번하게 매몰비용 오류sunk cost fallacy를 범하게 된다. 소비자 혹은 기업 들은 어떠한 소비나 투자를 선택함에 있어 전에 투자한 비용이 아깝거나 선택을 정당화하기 위해 더욱 깊이 개입해가는 의사결정 과정을 겪게 된다. 이러한 인식오류 혹은 의사결정 오류를 매몰비용 오류라고 한다.

오죽했으면 경제학 교과서에서 그렇게 많이 개별 경제 주체들이 합리적 선택을 하기 위해서는 매몰비용은 제외하고 기회비용만 고려해야 한다고 강조하겠는가. 다시 강조하자면, 매몰비용은 이미 지출해서 더 이상 회수할 수 없는 비용이기 때문에 현재와 미래의 의사결정 과정에서 결코 고려의 대상이 되어서는 안 되는 것이다. 경제적인 의사결정에서 중요한 것은 과거의 매몰비용이 아니라 현재와 미래에 관한 것인 한계비용으로서의 기회비용이기 때문이다. 그러므로 매몰비용 효과 혹은 매몰비용 오류는 한계비용과 한계편익만 의사결정에 영향을 주어야 한다는 경제학의 한계원리와는 상충되는 것이라고 할 수 있다. 이런 이유로 매몰비용 효과에 따른 경제행위는 합리적인 의사결정행위로 받아들여지지 못하는 것이다.

그러나 합리적인 결정은 오로지 한계비용과 한계이익만 고려해야

매몰비용의 대명사 콩코드 여객기

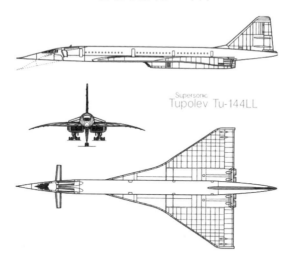

자료 : 픽사베이

함에도 불구하고, 아르케스Arkes 등[44]에 따르면, 사람들은 매몰비용에 대하여 과대평가하게 됨에 따라 결과적으로 지속적인 지출을 하려는 경향이 있다고 한다. 이는 사람들이 의사결정과정에서 종종 매몰비용에 얽매임으로써 희생되는 현상이 발생한다는 것을 의미한다. 실제로 소만Soman[45]의 연구에 따르면, 매몰비용이 돈일 때, 매몰비용 효과가 발생하는 것으로 나타났다. 그럼 지금부터 사례를 통해 매몰비용 효과가 어떤 영향을 주게 되는지를 살펴보자.

1970년대 초음속 비행기로 알려져 있는 콩코드 여객기 사례는 매몰비용 효과를 단적으로 보여주는 경우다. 당시 콩코드 비행기를 제작했던 미국과 유럽의 사업 대응방식은 극명하게 갈렸다. 과도한 연료소비문제, 소음문제, 탑승객을 많이 태울 수 없다는 문제점들이 드러나면서 사업성에 문제가 있는 것으로 분석되었다. 그럼에도 불구하고 유럽은 기존의 투자비용을 고려해 지속적으로 투자를 감행했고 미국은 과감하게 사업을 접었다. 결국 미국은 유럽에 비해 합리적인 선택을 한 것으로 나타났고 콩코드 여객기는 운행 27년만인 2003년 역사 속으로 사라졌다.

한편 일상생활에서도 매몰비용을 고려하는 의사결정이 비일비재하다. 예를 들어, 당신이 영화관에 갔다고 하자. 영화표를 구입한 후 팝콘과 음료수를 사서 영화를 관람하는데 너무 지겹다면 당신은 어떤 선택을 할 것인가? 아마도 어차피 구입한 영화표이니만큼 영화 관람을 포기하기보다는 끝까지 영화 관람하는 쪽을 선택할 것이다.

다음으로 모처럼 여행을 계획하고 여행경비를 지불한 후 설레는 마음으로 여행 출발일을 기다리고 있다고 가정하자. 그런데 만약 여행 출발일에 감기 혹은 몸살 기운 때문에 여행보다 집에서 휴식을 취하는 것이 바람직하다는 판단이 섰을 때 과연 당신은 집에서 휴식을 취하는 선택을 하게 될까? 아마도 견딜 수 있는 수준이라면 여행을 가는 쪽을 선택할 것이다. 이미 지불한 여행경비가 아깝게 느껴질 것이기 때문이다.

이런 이유로 매몰비용 때문에 비합리적인 의사결정을 하고 있는 것은 아닌지를 점검하는 습관, 현재 고민하고 있는 문제가 매몰비용 성격을 갖고 있는 것은 아닌지를 다시 한번 뒤돌아보는 습관이 필요하다.

사람들은 모두 마음속에 손익계정을 가지고 있다

심적 회계

사람들은 이익과 손실에 대해 서로 다르게 반응한다. 마음속에 이익과 손실과 관련된 각각 다른 계정Account을 두고 이익과 손실을 다루고 있기 때문이다. 이처럼 이익과 손실과 관련해 마음속으로 서로 다르게 회계 처리하는 것을 가리켜 심적 회계Mental Accounting라고 한다. 트버스키[46]·카너먼[47]은 "심적회계란 사람이 어떤 사건 혹은 옵션에 대하여 이익과 불이익으로 나누어지는 심적 계정Mental Accounting을 형성하는 의사결정 프레이밍의 한 형태"라고 정의하였다. 즉, 어떤 사건이나 옵션이 주어질 경우 사람들은 이미 자신들에게 다중적으로

누구나 마음속에 품고 있는 계산기

자료 : 픽사베이

형성되어 있는 준거점에 비교하여 이익과 불이익을 형성하게 된다는
뜻이다.

한편, 탈러Thaler[48]는 개인이나 가계가 재무적 행동을 계획, 평가,
추적할 때 수행하는 일련의 인지적 작업으로 심적 회계를 정의한 후
심적 회계를 세 개의 영역으로 구분하였다.

첫째, 심적 회계의 이익과 손실에 대한 프레이밍틀은 프로스펙트
이론의 가치함수를 따른다. 의사결정자는 판단기준점 의존 성향으로
인해 효용의 절대 크기보다 판단기준점을 기초로 한 가치와 선택대
안을 비교해 이익 혹은 손실을 계산하고 이에 근거하여 선택대안을
평가하게 된다. 또한 손실회피 성향으로 인해 같은 금액이라면 이익

보다 손실을 더 크게 느끼게 되며, 마지막으로 민감도 체감성으로 인해 이익 혹은 손실의 가치가 적은 경우 변화에 민감하게 반응하지만 그 가치가 커지는 경우 민감도가 감소하게 된다.

다음은 탈러의 실험과 개념적으로 유사한 내용이다. 판단기준점에 따른 심적 회계를 잘 보여주는 사례다.

할인혜택을 받기 위해 기꺼이 방문할 의사가 똑같을까요?

질문 ⅰ) 애플이 아이폰14을 출시했다. 그런데 150만 원하는 아이폰14을 집에서 30분 정도 떨어진 강남의 한 대형매장에서 50만 원 할인해 판매한다고 한다. 당신은 구입비용 50만 원 절감하기 위해 강남의 대형매장까지 갈 의향이 있는가?

질문 ⅱ) H자동차에서 최신형 중형 세단 자동차를 출시했다. 그런데 판매가격이 5천만 원인 이 차를 집에서 30분 정도 떨어진 강남의 H자동차 대리점에서 50만 원 할인해 판매한다고 한다. 당신은 최신형 중형 세단 자동차의 구입비용 50만 원을 절감하기 위해 강남의 H자동차 대리점까지 갈 의향이 있는가?

동일한 금액과 동일한 거리를 방문해야 하지만 아마도 대부분 질문 ⅰ에 대해서는 기꺼이 방문하겠다고 대답할 가능성이 높다. 그에 반해 질문 ⅱ에 대해서는 대부분 방문하지 않겠다고 대답할 가능성이 높다. 방문할 경우 똑같은 50만 원이라는 금액을 할인받을 수 있지만 할인에 따른 이익을 판단하는 기준점이 질문 ⅰ은 50만 원이 되기 때문에 이익률이 33.33%50만 원/150만 원가 된다. 하지만 질문 ⅱ는 기준점이 5천만 원이 되는 만큼 이익률은 1%50만 원/5천만 원가 되기 때문이다.

둘째, 범주화Categorization이다. 이는 기업이 회계처리를 할 때 현금, 예금, 건물, 토지 등과 같이 각 계정과목별로 자산을 분류하는 것과 마찬가지로 의사결정자들이 개별 거래 혹은 의사결정 사안별로 계정과목을 설정하고 이익과 손실을 계산하게 된다. 이때 각 의사결정자들은 자신들의 심적 회계를 손실로 마감하지 않으려는 경향을 보이게 된다.

다음은 카너먼·트버스키가 논문에서 제시하고 있는 심적 회계와 관련된 실험이다.

연극을 볼 것인가? 말 것인가? 그것이 문제로다!

질문 ⅰ) 입장권 가격이 10달러인 연극을 보기로 하기로 결정한 후 극장에 갔는데 10달러를 분실한 것을 알았다. 당신은 연극을 보기 위해 10달러를 지불하겠는가?

응답 : 예 88%, 아니오 12%

질문 ⅱ) 입장권 가격이 10달러인 연극을 보기 위해 입장권을 예매했는데 극장에 도착해보니 입장권을 분실한 것을 알았다. 입장권을 재발행할 수 없

다고 할 때 당신은 다시 입장권을 구매하기 위해 10달러를 지불하겠는가?

응답 : 예 46%, 아니오 54%

실험결과 질문 i 에 대해서 88%의 실험참가자들이 '예'를 선택하였고 '아니오'를 선택한 실험참가자들은 12%에 불과하였다. 그러나 질문 ii 에 대해서는 54%의 실험참가자들이 '아니오'를 선택함으로써 큰 차이가 있는 것으로 나타났다. 이 차이를 만들어낸 것이 바로 심적 회계라고 할 수 있다.

즉, 질문 i 은 10달러를 잃어버린 것은 현금 계정이 감소한 것이고 연극 티켓의 구입은 여가생활비 지출에 해당하므로 별도의 계정과목을 위한 지출임을 알 수 있다. 이에 따라 실험참가자들은 동일한 계정과목에 대한 지출로 보지 않고 기꺼이 연극표를 구입하기 위해 10달러를 지출하겠다고 응답했던 것이다.

이에 비해 질문 ii 는 이미 연극표를 사기 위해 여가생활비 계정과목으로 10달러를 지출한 상태에서 다시 동일한 계정과목인 여가생활비로 10달러를 지출하는 것인 만큼 여가생활비로 과도한 지출이 발생하는 것으로 인식해 연극표를 재구입하지 않겠다고 응답했던 것이다.

셋째, 의사결정자들은 설정된 각 심적 계정과목이 이익인지 혹은 손실인지를 평가하는 데 있어 각 의사결정자들은 평가시기와 빈도를 결정하게 된다. 카너먼·트버스키[49]의 연구에 따르면, 설정된 심적 계정이 단기적 혹은 특정 대안에 한정된 심적 계정인지 아니면 장기적 혹은 포괄적 심적 계정인지에 따라 동일한 사안을 놓고 의사결정자의 위험 선호의 차이가 발생할 수 있다. 좀 더 구체적으로 설명하면, 심적 계정의 범위가 최소화될 경우 위험회피 성향은 최대화되는 반면 그 반대의 경우에는 위험회피 성향이 최소화된다.

이러한 현상은 메츠거Metzger[50]의 연구를 통해서도 확인할 수 있다. 이에 따르면, 경마장에서 사람들의 마권구매 행동은 경마가 종료되는 시간이 다가오면 다가올수록 승률이 높은 마권을 구입하는 대신 배당금이 많은 마권을 구입하는 데 집중하게 된다. 통상 당일 경매 개장 초반부에 승률이 높은 마권에 집중하는 패턴과 비교했을 때 두드러지게 차이가 나는 부분이라고 할 수 있다. 이런 현상이 발생하는 이유는 당일 경마에서 여러 번 돈을 잃은 사람들이 그 손실을 단일 심리계정으로 통합함으로써 위험회피 성향이 최소화된다는 데에서 찾을 수 있다.

만일 돈을 잃은 경마 참가자들이 여러 번 반복적으로 발생한 손실들을 각 손실별로 독립적인 심적 계정들로 처리했다면, 개별 손실에 대한 판단기준점이 조정되는 만큼 위와 같은 마권구입 경향의 차이는 발생하지 않을 것이다. 한편 탈러[51]는 의사결정자들이 이익은 분리하는 데 비해 손실은 통합하며, 소규모 이익은 대규모 손실로부터 분리하는 데 비해 소규모 손실은 대규모 이익에 통합하여 인식하는 경우가 일반적임을 입증하였다.

다음은 프로스펙트 이론에서 처음 제시된 바 있는 심적 회계와 관련하여 탈러가 제시한 일반원칙이다.

심적회계와 관련된 탈러의 일반원칙

첫째, 이익은 분리하여 생각하는 것이 이익이다. 상여금을 한 번에 100만 원 받는 것보다 2번에 나눠 50만 원씩 받는 것을 더 행복하게 느낀다

둘째, 손실은 통합하여 생각하는 것이 이익이다. 5만 원 교통위반 딱지를 한 번 납부하는 것이 2만원, 3만원 교통위반 딱지를 두 번 납부하는 것에 비해 속이 덜 쓰리다

셋째, 이익과 손실이 있는 경우 둘을 합한 금액이 0보다 크면 통합해 생각하는 것이 이익이다. A부동산 투자이익이 5백만 원이고 B부동산 투자손실이 3백만 원일 경우 부동산 투자이익이 2백만 원으로 생각하는 것이 행복하다

넷째, 이익과 손실이 있는 경우 둘을 합한 금액이 0보다 작으면 분리해서 생각하는 것이 이익이다. A부동산 투자이익이 5백만 원이고 B부동산 투자손실이 7백만 원일 경우 부동산 투자손실이 2백만 원이라고 생각하는 것보다 A부동산 투자이익은 5백만 원인데 B부동산 투자손실은 7백만 원이라고 생각하는 것이 속이 덜 쓰리다.

사람의 심리는 엄청나게 복잡하다. 이렇게 복잡한 사람의 심리가 경제현상과 경제행동에 반영되기 때문에 경제를 이해하기 어려운 것이라고 할 수 있다. 사회적 존재인 만큼 좋든 싫든 여러분 각자는 모두 심적 회계를 갖고 있다. 그렇다면 각자의 심적 회계를 잘 컨트롤해서 합리적인 방향으로 작동할 수 있도록 노력해보면 어떨까?

비합리적인 방식으로 손실을 회피하려고 한다

손실회피행동

카너먼·트버스키[52]는 프로스펙트 이론의 가치함수이득상황에서는 오목 concave한 형태로 위험회피 경향을, 손실 상황에서는 볼록convex한 형태로 위험선호 경향을 나타 내며 동일한 금액의 이득에 비해 손실의 경우 가치가 크다를 제시하고 의사결정자가 위험이 수반되는 의사결정을 할 때, 전통적인 기대효용이론의 정리들 에서 위배되는 의사결정을 한다는 점을 실험을 통해 입증했다. 그 핵 심은 기대손익의 크기가 같더라도 이익에 따르는 기쁨보다는 손실에 따르는 괴로움을 더 강하게 느끼기 때문에 이익에 대해서는 위험을 회피하는 경향risk aversion을 보여 이익을 실현하는 반면, 손실에 대해

화폐손실에 민감한 사람들

자료 : 픽사베이

서는 위험을 선호risk taking하여 손실실현을 회피하려는 경향을 보인
다고 하였다.

　이때 손실에 대한 위험선호적 태도란 '확실한 손실을 감수하기
보다 조금이라도 손실을 회피할 수 있는 가능성만 있다면, 더 큰 손실
을 감수하고서라도 손실을 회피할 가능성이 있는 대안을 선택한다는
것'을 의미한다. 카너먼·트버스키는 위험기피행동과 대별하여 이를
손실회피행동이라고 정의하였다.

　다음은 손실회피행동과 관련한 실증실험이다. 이를 통해 손실회
피행동에 대해 보다 직관적이고 명쾌하게 이해할 수 있을 것이다.

어떤 선택을 해야 잘했다고 동네방네 소문날 수 있을까?

<실험 1>

당신은 현재 1,000달러가 있고 다음의 선택대안 가운데 하나를 선택해야 한다.

선택대안 ⅰ) 100% 확실한 500달러의 이익
선택대안 ⅱ) 1,000달러의 이익 확률 50%, 0달러의 이익 확률 50%

<실험 2>

당신은 현재 2,000달러가 있고 다음의 선택대안 가운데 하나를 선택해야 한다.

선택대안 ⅲ) 100% 확실한 500달러의 손실
선택대안 ⅳ) 0달러의 손실 확률 50%, 1,000달러의 손실 확률 50%

첫 번째 실험에서 제시된 두 개의 선택대안들은 최종적인 부기대값는 동일하다. 다만, 선택대안 ⅱ가 선택대안 ⅰ에 비해 더 큰 불확실성을 가지고 있다는 차이점은 있다. 실험결과 실험참가자들의 84%가 위험이 동반되지 않는 선택대안 ⅰ을 선택함으로써 위험회피행동을 보였다.

그런데 <실험 2>에서 동일한 내용의 질문이었지만 다른 형태로 질문했을 때는 결과가 달라졌다. 〈실험 2〉에서 제시된 두 개의 선택대안에서 예상되는 기댓값은 〈실험 1〉과 마찬가지로 동일했다. 그럼에도 불구하고 실험참가자들의 69%가 확실한 500달러의 손실이 있는 선택대안 iii을 선택하지 않고 1,000달러의 손실이라는 위험을 감수해야 하는 선택대안 iv를 선택했기 때문이다. 결과적으로 실험참가자들은 더 위험한 선택을 한 것이다. 이는 실험참가자들이 손실에 대한 위험선호적 태도를 보인 것이라고 할 수 있다. 즉, '확실한 손실을 감수하기보다 조금이라도 손실을 회피할 수 있는 가능성만 있다면 더 큰 손실을 감수하고서라도 손실을 회피할 가능성이 있는 대안'을 선택한 것인데 이것이 바로 손실회피행동이다.

이런 실험은 전형적인 손실회피행동을 잘 보여주는 것인데 다양한 경제행동들을 손실회피행동으로 설명할 수 있다. 이런 사례와 잘 부합되는 것으로 부동산 가격이 지속적으로 하락하고 있는데도 불구하고 처분하지 못하는 주택소유자들의 딜레마를 들 수 있다. 절대인구의 감소, 급속한 인구고령화 등 인구구조의 변화로 인해 우량지역이 아닌 이상 주택을 통해 초과이익을 창출하기 어려운 환경이 조성되고 있다. 따라서 과거와 같은 큰 폭의 주택가격 상승은 기대하기 어려운 것이 사실이다. 이로 인해 주택가격에 거품이 끼어 있는 주택을 매수했던 사람들은 상당한 손해를 보고 주택을 처분해야 하는 상황에 직면하게 될 것이다. 그러나 사람들은 가능하면 처분을 통해 손실을 확정하려 들지 않는다. 더 하락할 가능성 즉, 추가적인 손실을 감수하면서까지 주택가격이 과거의 경우처럼 다시 상승해 이익을 실현해 주기를 기다리고 있는 것이다. 이는 전형적인 손실회피행동이라고 할 수 있다.

다음으로 어떤 제품을 구매하기에 앞서 그 제품과 관련된 다양한 정보를 습득하고 가능하면 사용경험에 대한 정보를 얻기 원하는 소비자들의 심리 역시 손실회피행동으로 설명할 수 있다. 소비자들은 혹시나 있을지 모를 구매 후 손실을 회피하기 위한 노력의 하나로 해당 제품과 관련된 온갖 종류의 정보들을 갖기 원한다. 구매 후 불만족이라는 문제를 사전에 예방하기 위해 소비자들이 선택할 수 있는 가장 보편적인 손실회피행동이 바로 구매 전 정보수집과정이라고 할 수 있기 때문이다. 이런 점에서 볼 때 SNS는 지금보다 훨씬 더 강력한 영향력을 갖게 될 것으로 예상된다. 손실회피행동 측면으로만 그 범위를 한정한다고 해도 SNS가 보다 더 보편적으로 활용되면 활용될수록 언제 어디서나 다양한 제품정보를 습득할 수 있을 것이기 때문이다.

우리는 매 순간마다 사람들이 손실회피행동을 취한다는 것을 알고 있다. 사실 누가 되었든 손실을 좋아하는 사람은 없다. 그러므로 가능하다면 손실을 회피하는 것은 지극히 바람직한 선택이 될 것이다. 다만, 비합리적인 방향으로 손실회피행동을 하는 것은 문제다. 트버스키·카너먼은 사람들은 동일한 금액일 경우 이익에서 발생하는 심리적 만족의 크기에 비해 손실로부터 발생하는 심리적 고통을 두 배 이상 더 크게 느낀다고 하였다. 그러나 이는 어디까지나 심리적인 문제일 뿐이다. 즉, 100원의 이익과 100원의 손실은 경제적으로 정확히 동일한 가치를 가져야 한다. 합리적인 소비자가 되기 위한 첫 걸음은, 어렵지만 여러분의 뇌 속에 본능적으로 자리 잡고 있는 인식의 불균형을 제어하는 것에서 출발되어야 할 것이다.

동일한 자산이더라도 현재 자산을 이전 자산보다 높게 평가한다

보유효과

자기 자신이 소유하고 있는 자산 등을 팔고자 하는 가격WTA ; Willingness To Accept이 다른 사람의 자산 등을 구매하려는 가격WTP ; Willingness To Payment보다 크게 나타나는 현상을 가리켜 보유효과라고 한다. 카너먼 등[53]은 1991년 발표한 연구에서 보유효과를 '어떤 물건 이나 상태를 실제로 소유한 후 그것을 포기하는 것을 손실로 지각하 여, 소유한 제품이나 상황에 대해 높은 가치를 부여하는 것'이라고 정 의하였다. 좀 더 직관적으로 설명하면 사람들이 어떤 상품을 보유하 고 있는 경우 그 상품을 보유하기 전보다 더 높게 평가하는 현상을

내 손안에 있는 자산

자료 : 픽사베이

말한다.

　카너먼 등의 실험에서 보유효과의 전형적인 사례를 보여주기 위해 학생들을 두 명씩 조를 편성한 후 그 중 한 명에게 머그컵을 주었고, 학생들에게 머그컵을 보고 만지게 한 뒤 가격을 책정하도록 하였다. 이때 머그컵을 받은 학생은 상대에게 팔 최저가격을, 머그컵을 받지 않은 학생은 상대에게 지불할 최고가격을 제시하도록 하였다. 실험결과 머그컵을 받은 학생들이 정한 평균 판매가격은 5달러가 넘었지만, 머그컵을 받지 않은 학생들의 평균 구입가격은 2달러 미만이었다. 머그컵을 갖고 있던 학생들이 머그컵을 갖고 있지 않던 학생들에 비해 머그컵의 가치를 더 높게 평가하였던 것이다. 보유효과가 작동한 결과라고 할 수 있다. 네치[54]의 실험 역시 보유효과를 명확하게 보여주고 있다.

박토리아 대학교 학생들을 대상으로 한 네치의 보유효과 실험

실험그룹	실험내용	실험결과
실험 그룹 1	머그컵을 먼저 주고 400g의 스위스 초콜릿바와 교환할 수 있다고 함.	머그컵을 그대로 보유 : 89% 초콜릿바를 선택 : 11%
실험 그룹 2	400g의 스위스 초콜릿바를 먼저 주고 머그컵과 교환할 수 있다고 함.	초콜릿바를 그대로 보유 : 90% 머그컵을 선택 : 10%
실험 그룹 3	먼저 주지 않은 상태에서 머그컵과 스위스 초콜릿바를 자유롭게 선택할 수 있도록 함.	머그컵 선택 : 56% 초콜릿바 선택 : 44%

네치는 빅토리아 대학교의 학생들을 대상으로 보유효과에 대한 실험을 실시하였는데, 이를 위해 실험참가자를 3개 그룹으로 구분하였다. 그러고 나서 첫 번째 실험그룹에는 머그컵을 준 후 400g의 스위스 초콜릿바와 교환해도 된다는 정보를 제공하였고, 두 번째 실험그룹에게는 첫 번째 그룹과는 정반대로 400g의 스위스 초콜릿바를 준 후 머그컵과 교환할 수 있다는 정보를 제공하였다. 마지막으로 세 번째 실험그룹에게는 머그컵과 스위스 초콜릿바 가운데 아무거나 자유롭게 선택할 수 있다고 정보를 제공하였다.

실험결과, 첫 번째 실험그룹에서 머그컵이 아닌 스위스 초콜릿바를 선택한 비율은 11%에 불과했다. 그에 비해 머그컵을 그대로 보유하겠다는 비율은 89%에 달했다. 두 번째 실험그룹에서는 머그컵을 선택한 비율이 10%에 불과했다. 그에 비해 스위스 초콜릿바를 선택한 비율은 90%에 달했다. 마지막으로 머그컵과 스위스 초콜릿바를 자유롭게 선택하도록 한 세 번째 실험그룹에서는 56%가 머그컵을 선택하였고 44%는 초콜릿바를 선택하였다.

스위스 초콜릿바와 머그컵 가운데 어느 하나의 가치가 압도적으로 높지 않다는 점은 머그컵과 스위스 초콜릿바 중에서 좋아하는 쪽을 자유롭게 선택하도록 한 세 번째 실험그룹이 거의 비슷한 비율로 머그컵과 스위스 초콜릿바를 선택했다는 점을 통해서 확인할 수 있다. 결국 첫 번째 실험그룹과 두 번째 실험그룹에서 각각 머그컵과 스위스 초콜릿바를 압도적으로 선택한 원인이 각 제품의 가치차이에 있지 않고 다른 요인 즉, 보유효과가 강력하게 작용한 결과라고 볼 수 있다. 보유효과를 자기 자신이 소중하게 여기는 물건에 대한 애착에서 비롯된 현상이라고 생각하지 말자. 보유효과는 자기 자신의 소유하고 있는 소유물을 타인에게 넘겨주는 것 자체를 손실로 여기는 심리상태에서 발생하는 것이기 때문이다.

한편 네치·카너먼은 WTA(Willingness To Accept)와 WTP(Willingness To Payment)의 괴리에 대한 폭넓은 연구를 하였다. 예를 들어, 습지나 낚시터, 우편 서비스, 공원의 수목 등과 관련된 연구들을 들 수 있다. 이들은 그 성격상 시장에서 거래되지 않는 것이라는 특징이 있지만, 그 소유권 혹은 사용권을 포기할 경우 받고 싶은 금액(WTA)과 그와 같은 소유권은 없지만 그것들을 현재 상태로 보존하기 위하여 지불하고자 하는 금액(WTP)을 기준으로 연구를 하였다. 이에 따르면 WTA가 WTP보다 2~17배나 큰 것으로 나타났는데, 이는 보유효과가 존재하고 있음을 보여주는 것이라고 할 수 있다.

보유효과는 폭넓은 분야에서 다양한 형태로 나타난다. 일례로 글로벌 금융위기와 글로벌 경기침체 당시 시장환경을 극복하기 위해 현대자동차가 미국시장에서 선보인 '어슈어런스Assurance 프로그램' 역시 보유효과를 활용한 마케팅이었다. '어슈어런스 프로그램'이란 신차 구입 후 1년 내 실직 시 차량을 반납받거나 할부금 일부를 대신 내주는 프로그램으로 일단 차량을 구입하면 어지간해서는 다른 자동차로 바꾸기가 쉽지 않다는 것을 절묘하게 활용한 마케팅 기법이었던 것이다.

자기가 소유하고 있는 것을 소중하게 여기는 것은 지극히 당연하다. 그러나 단순히 소중하게 여기는 것을 넘어 비합리적인 선택으로 연결될 정도로 보유효과를 발휘하게 되면 곤란하다. 사람들은 누구나 자신도 모르는 사이에 보유효과에 휘둘리곤 한다. 그러니 늘 보유효과에 휘둘리지 않도록 경계해야 한다.

체험 후 구입 마케팅 속에 숨겨진 진실

보유효과 2

보유효과에 관해 놀라운 사실이 또 있는데, 연구에 따르면 보유효과는 자신의 물건이 아닌 것 이를테면 잠깐 자기의 통제에 있던 물건에도 적용된다고 한다. 예를 들어, 타인에게 빌려 온 물건 혹은 렌탈을 해서 사용하고 있던 물건, 더 나아가 사용해본 경험이 있는 물건에 대해서도 보유효과가 나타난다는 것이다. 위와 같은 사람들의 비합리적 행동을 기업들이 가만히 내버려 둘 리가 없다. 실제로 기업들은 소비자들의 보유효과라는 비합리적 행동을 적극적으로 공략해 소비를 유도하고 있다. 바로 '일정 기간 사용 후 구매' 마케팅이 그것이다.

'일정기간 사용 후 구매'란 말 그대로 어떤 상품을 소비자가 일정기간 동안 사용해본 후 마음에 들면 구매를 하고 마음에 들지 않으면 반품하도록 하는 판매방식을 말한다. 얼핏 보면 소비자들에게 일방적으로 유리한 판매방식이라는 생각이 들 수 있다. 만약의 경우 써보고 마음에 들지 않으면 반품하면 그만이기 때문이다. 그렇다면 기업들은 왜 이렇게 소비자들에게만 일방적으로 유리한 판매방식을 적극적으로 내놓고 있는 것일까? 위험을 감수하면서까지 부진한 매출을 타개하기 위한 고육지책인 것일까? 아니면 그만큼 자사 제품에 대한 확신이 있는 것일까? 물론 그럴 수도 있다.

그러나 대부분의 경우는 매출을 극대화하기 위한 마케팅 방법이라고 보는 것이 타당하다. 이것이 가능한 이유는 소비자들의 보유효과 때문이다. 소비자들이 상품을 일정 기간 사용하게 되면 제품에 하

쉬크 면도기의 전액환불 이벤트 광고

자료 : 쉬크 홈페이지

자가 없는 이상 자연스럽게 보유효과가 발생하게 된다. 일단 보유효과 발생하게 되면 소비자들은 상품을 반품하기보다 지속적으로 사용하는 쪽을 선택하게 되고, 이런 과정을 통해 기업들은 안정적인 매출을 확보할 수 있게 되는 것이다.

앞 광고는 쉬크 면도기를 구입한 후 제품에 불만족시 구입 후 2주안에 환불을 요청하면 100% 환불해주겠다는 내용인데 그동안 쉬크 면도기를 사용해보지 않아 구매를 꺼려할 수 있는 잠재고객들을 구매로 연결하기 위한 이벤트라고 할 수 있다. 이런 이벤트는 잘 활용할 경우 신규 고객을 창출하는 데 매우 효과적이기 때문에 기업들이 종종 활용하는 마케팅 방법이라고 할 수 있다.

특히, 기업 입장에서 시장에 처음 진출하는 상품이나 소비자들에게 익숙하지 않은 상품, 이미 시장에 진입했지만 인지도가 낮아 제품의 인지도를 제고하기 위한 상품, 기업의 전략적 주력 상품일수록 소비자들의 보유효과를 활용한 '일정 기간 사용 후 구매' 방식의 판매가 효과적인 경우가 많다. 이런 이유로 가전제품, 생활용품, 업무용 제품, 스포츠 및 레저용 제품 등 거의 모든 분야에서 '일정 기간 사용 후 구매' 방식으로 다양한 상품들이 판매되고 있음을 확인할 수 있다. 최근에는 경기침체가 길어지면서 홈쇼핑에서도 일정 기간 사용 후 구매 상품을 앞다퉈 내놓고 있는 상황이다.

'일정 기간 사용 후 구매' 방식의 마케팅은 소비자 권리가 점차 강화되고 있는 추세를 고려할 때 보다 더 다양한 분야에서 보편화될 것이 확실하다. 이러한 현상은 소비자 권리강화 차원에서는 매우 바람직한 현상이라고 할 수 있지만, 다른 한편 보유효과를 고려하지 않을 경우 과소비의 원인으로 작용할 가능성도 있음을 염두에 두어야 할 필요가 있다. '아니면 반품'식으로 당장 필요 없는 상품을 충동구매 했다가 보유효과 때문에 반품은 못하고 공간만 차지함으로써 경제적 낭비가 발생할 수 있기 때문이다.

그대로 둬라!
바꾸지 마라!

현상유지 바이어스

통상적으로 사람들은 현재의 상태를 유지하고자 하는 행동과 이로부터 벗어나려는 행동 사이에서 선택의 문제를 경험하게 된다. 현재 살고 있는 집에서 다른 집으로 이사를 해야 하는지, 현재 다니고 있는 직장을 계속 다녀야 하는지 아니면 이직을 해야 하는지, 아이들이 다니고 있는 학원을 좀 더 나은 학원으로 바꿔줘야 하는지, 구독하고 있는 신문을 다른 신문으로 변화를 줘야 하는지 등과 관련된 고민들이 여기에 해당한다고 할 수 있다.

그런데 재미있는 사실은 사람들인 이런 대안들 사이에서 선택을

현상 유지를 위한 도구인 자물쇠

해야 하는 상황에 높이게 되면 현재 상태에 머무르고자 하는 경향을
보이게 되고, 더 나아가 선택 대안들이 훨씬 매력적이더라도 현재의
상태를 유지하려는 경향을 보인다. 이러한 성향을 가리켜 사뮤엘슨
Samuelson · 젝하우저Zeckhauser[55]는 현상유지 바이어스Status quo bias라
고 명명하였다.

　다음은 사뮤엘슨·젝하우저의 현상유지 바이어스 관련 실험이다.
현상유지 바이어스는 보유효과와 프로스펙트 이론에 터 잡은 것이라
는 점은 기억해 두도록 하자.

상속자산을 어떻게 투자해야 할까요?

실험 집단 1	**<조건>** 피실험자 스스로 선택해야 하는 상황
	<제시문> "당신은 투자문제에 관심이 많지만 투자금액이 없다. 그런데 상당히 많은 재산을 물려받게 되었다. 당신은 중간 정도의 위험성을 가지는 회사 혹은 위험성이 큰 회사의 재무적 채권이나 지방채 중에서 당신 의지대로 투자할 수 있다."
실험 집단2	**<조건>** 이미 상황이 정해져 있는 설명문을 주었음
	<제시문> 현금과 유가증권을 물려받았다. 이 재산의 상당부분은 중간 정도의 회사에 투자되어 있다

사뮤엘슨·젝하우저는 실험을 위해 두 개의 실험집단으로 나눈 후 첫 번째 실험집단에게는 피실험자 스스로 선택해야 하는 상황을, 두 번째 실험집단에게는 피실험자들에게 이미 상황이 정해져 있는 제시문을 주어 그 반응을 조사하였다. 그 결과 상당수가 후자 이미 상황이 정해져 있는 쪽를 선택하는 것으로 나타났다. 현상유지 바이어스 현상이 나타난 결과였다. 일반적으로 사람들은 자신의 통제 하에소유권 확보 하에 있는 현상이나 자산을 이익으로 보고 전환 혹은 포기하는 것은 손실로 인식하여 현재 상태를 유지하려는 경향을 보이게 된다. 종합적으로 보면 보유효과와 현상유지 바이어스는 모두 자신의 소유라고 인식하고 있는 것에 대한 손실회피성향이라고 할 수 있다.

현상유지 바이어스는 손실을 회피하고자 하는 사람들의 욕망에서 비롯된 것이지만 종종 의도와는 다르게 정반대의 결과를 초래하는 경우가 발생할 수 있다. 대표적으로 부동산에 대한 그릇된 집착이 초래할 수 있는 위험천만한 미래를 들 수 있다. 현재 본격적으로 은퇴가 진행되고 있는 베이비부머 세대들의 가장 큰 문제점 가운데 하나가 자산 가운데 부동산이 차지하는 비중이 지나치게 높다는 점을 들 수 있다. 부모세대들로부터 아니 더 정확히 얘기하면 그 이전 세대부터 '부동산은 절대 망하지 않는다.'는 신념이 뿌리 깊게 자리 잡은 결과 부동산에 대한 과도할 정도의 성공확신이 각인되었다. 이에 더해 1980년대~2000년대 초중반을 넘어 2021년까지 이들의 신념과 부합되는 방향으로 부동산 가격이 꾸준히 상승하는 패턴을 보였기 때문에 이들의 과도한 성공확신이 더욱 확대재생산된 결과라고 할 수 있다.

이미 은퇴했거나 은퇴에 접어들고 있는 베이비부머 세대들은 은퇴 이후 삶을 위한 자금 마련이 가장 시급한 당면과제라고 할 수 있다. 부동산 보유비중은 줄이는 한편, 현금성 자산의 보유비중은 늘려야 할 필요가 있다는 뜻이다. 그러나 이들은 여전히 부동산 처분을 꺼리는 경향이 강하다. 부동산이라고 해서 모두 가격이 상승하던 과거와 같은 가격변동 패턴은 더 이상 불가능하다는 사실을 감안하지 않은 채 처분하고 난 후 과거와 같은 부동산 가격 폭등현상이 발생할지 모른다는 생각을 하고 있는 것이다. 결국 베이비부머 세대들이 선뜻 부동산을 처분해 은퇴자금을 마련하지 못하는 중요한 이유 가운데 하나는 바로 현재 보유하고 있는 부동산을 처분하는 것 자체를 손실로 인식하는 이른바 현상유지 바이어스 때문이라고 할 수 있는 것이다.

당신은 혹시 무엇인가를 계속해서 유지하고 싶은 것이 있는가? 그렇다면 그것은 어떤 성격의 것인가? 혹시 익숙해서 늘 그렇게 해오던 것이 편안해서, 바뀌면 왠지 모를 손해가 발생할지도 모르기 때문에 그대로 유지하는 것은 아닌가? 지금 당신 주위에서 당신이 직간접적으로 관여하고 있는 그 무엇인가가 오랫동안 유지되고 있다면 혹시 현상유지 바이어스가 작용한 결과는 아닌지 곰곰이 생각해보는 것도 괜찮을 듯싶다. 어떨까?

내 생각을 뒷받침해 주는 것을 먼저 찾는다

확증편향

확증편향은 선택적 사고의 하나이다. 사람들은 자신이 알고 있는 것, 신뢰하고 있는 것과 일치하는 방향으로 해석하고, 범주화하고, 판단하고, 결정하며 선택하는 경향이 있다. 이러한 현상을 가리켜 확증편향confirmation bias이라고 한다. 쉽게 말해 사람들은 자신의 신념을 뒷받침해주는 것들을 그렇지 않은 것들에 비해 보다 더 용이하게 발견하고 찾아보는 경향이 있다. 하지만 자신의 신념에 반하는 것들을 자신의 신념을 뒷받침하는 것들에 비해 무시하기도, 하고 관련 정보를 찾는 데 소홀하며, 가치를 낮게 부여하는 경향을 보인다.

확신을 갖고 가리키는 손짓

왓슨Wason[56]은 확증편향을 검증하기 위해 이른바 '2-4-6'과제를 활용한 실험을 하였다. 어떤 규칙을 따르는 3개의 숫자로 된 수열 '2, 4, 6'을 제시하고 그 규칙이 무엇인지를 발견하게 하는 것이 그 내용이었다. 이 실험에서 실험참가자들이 자신의 가설을 검증하고자 수열을 생각해내면, 그 수열이 규칙에 적합한지 여부에 대한 피드백이 주어졌다. 실험 결과 사람들은 부정적인 예보다는 긍정적인 예를 만들어냄으로써 가설을 검증하려고 한다는 것을 확인하였다.

예를 들어, '2씩 증가하는 수'라는 가설을 세운 실험참가자는 '4, 6, 8'을 생각한 뒤 이 수열이 규칙에 맞는다는 피드백을 받았다. 규칙이 두 자리 수에도 적용되는지 보기 위해서 '8, 10, 12' 등을 생각하거나, 홀수에도 적용되는지를 확인하기 위해서 '1, 3, 5' 등을 생각하기도 했는데, 이러한 것들이 규칙에 맞는다는 정보를 얻게 되면 그런 수열들을 몇 개 더 생각한 후 규칙을 확신하였다. 그러나 실제 규칙은 '증가하는 세 수'였다. 이 결과는 사람들이 현재 가지고 있는 가설을 확증하는 정보를 추구하는 경향이 있음을 보여주는 것인데, 왓슨은 이런 사람들의 경향을 확증편향이라고 정의하였다.

자, 그럼 좀 더 쉬운 예로 확증편향에 대해서 알아보도록 하자. 금요일에 집에 도둑이 들어 낭패를 당한 경험을 갖고 있는 주부가 있다고 하자. 아마도 이 주부는 금요일만 되면 집에 도둑이 들었던 경험을 떠올리게 될 것이다. 금요일만 되면 문단속을 철저히 하고 혹시라도 주변에 수상한 사람이라도 보일라치면 온 신경을 곤두세우고 주변 상황에 귀를 기울이게 된다. 뿐만 아니라 주변 지인들이나 신문 및 언론 매체에서 금요일에 도둑이 들었던 사건사고를 보다 더 주목하게 될 것이다. 물론 금요일 이외에 발생했던 도둑 관련 사건사고에는 주의를 기울이지 않게 될 것이다. 이런 현상이 반복되다보면 이 주부는 금요일에는 도둑 관련 사건사고가 많을 것이라는 신념이 생성될 것이고 갈수록 그 신념은 강화될 것이 분명하다.

확증편향은 소비자 행동에도 큰 영향을 주고 있다. 대표적으로 '명품=고가'라는 공식에서 빈번하게 확증편향을 확인할 수 있다. 실제로 명품가격은 경제상황이 좋지 않은 상황에서조차 가격을 내리기보다는 오히려 가격을 올리는 경우가 다반사이다. 이는 소비자들이 비합리적일 정도로 명품가격에 거품이 있음에도 불구하고 기꺼이 지갑을 열기 때문이다. 물론 그 배경에는 소비자들의 마음속에 '명품은 가격이 비싸다'라는 확증편향이 자리 잡고 있다.

한편, 선거에도 확증편향이 종종 영향을 미치고 있음을 확인할 수 있다. 피부 색깔에 따른 확증편향이나 성별에 따른 확증편향이 대표적인 경우라고 할 수 있다. 과거 미국의 경우 오바마 전 대통령과 클린턴 전 상원의원의 대선후보 경선은 한 편의 드라마 같은 승부이기도 했었지만, 다른 한편으로는 확증편향의 대결이기도 했었다. '흑인이 대통령이 되기에는 아직 시기상조'라는 피부색에 따른 확증편향과 '다른 나라라면 몰라도 미국에서는 아직 여자가 대통령이 되기에는 아직 시기상조'라는 확증편향이 맞붙었기 때문이다. 결과는 주지하다시피 피부색에 따른 확증편향이 성별에 따른 확증편향을 이기면서 아름다운 결말을 맺었다. 적어도 피부색에 따른 확증편향은 극복했기 때문에 충분히 아름다운 경우라고 말할 수 있지 않을까?

사람들이 자기의 신념이나 견해를 뒷받침하거나 혹은 유리하게 작용하는 확증적인 정보들에 지나치게 의존한다는 것은 실생활에서 그리고 많은 학계의 실증연구들을 통해서 입증되었다. 그러므로 언제나 확증편향에 대한 자기검증이 필요하다고 할 것이다. 최근에 당신은 누군가와 다른 의견 때문에 당신의 의견이나 신념을 뒷받침하기 위해 관련 정보를 탐색하고 자료를 찾아본 적이 있는가? 만약 그렇다면 혹시 당신도 확증편향에 따른 행동을 취하지 않았는가? 혹시라도 그랬다면 확고한 증거 내지는 다양한 확증 실험을 통해 뒷받침해주는 것인지, 그 반대의 경우를 가정한 후 검증절차를 거쳐 보기를 바란다. 확증편향이라는 덫을 피하기 위해서…

화폐가치가 불변할 것이라고 믿는다

화폐착각

화폐착각Money illusion[57]이란 경제적 거래의 실질가치를 평가하는 데 있어 명목가치에 따른 평가로 인해 초래되는 바이어스오류라고 정의할 수 있다. 즉, 실질가치의 변화가 없이 명목가치만 변했는데도 그 가치가 상승한 것으로 착각하는 현상이라고 할 수 있다. 이해하기 쉽게 예를 들어 설명하면 임금이 10% 상승하고 인플레이션도 10% 발생한 경우 실질가치에는 변화가 없다. 그럼에도 불구하고 노동자들이 임금상승으로 인해 즐거워한다면, 이는 화폐착각에 갇혀 있는 경우라고 할 수 있다.

피하고 싶은 인플레이션

또한 수익성 부동산을 매입해 연 6%의 임대수익을 받는 사람이 있다고 생각해보자. 그는 아마도 6%의 임대수익에 기뻐하게 될 것이다. 그러나 사실 인플레이션을 고려한 실질 임대수익은 결코 6%가 아니다. 그럼에도 불구하고 만약 그가 자기 소유 수익성 부동산의 임대수익률이 6%라고 생각한다면 이는 화폐착각에 빠져 있는 경우이다. 자, 그럼 화폐착각에 빠지지 않기 위해 실질 임대수익률을 계산해보도록 하자. 참고로 인플레이션율은 연평균 4년으로 가정하기로 한다.

실질 임대수익률 도대체 몇 %일까?

1년 후 실질 임대수익률 = 임대수익률 - 인플레이션율
= (1 + 0.06) - (1 + 0.04)
= 1.02

이 경우에서처럼 화폐착각에 빠지지 않기 위해서는 모든 경제적 거래 시 인플레이션을 반드시 고려해야 한다. 그 이유는 지극히 간단 명료하다. 가령 1월 1일에 2,000만 원 상당의 자동차를 구입하려고 계획한 경우를 생각해보자. 만일 연 4%의 인플레이션이 발생했다면, 12월 31일에는 자동차 가격이 2,080만 원으로 상승했다는 것을 의미한다. 이는 그만큼 화폐가치가 하락했다는 것을 의미하는 것이기도 하다. 이처럼 인플레이션은 종종 사람들의 재무적 의사결정에도 영향을 미치게 된다. 다음은 인플레이션이 발생한 경우 화폐착각이 발생하는지에 대한 샤피르Shafir · 다이아몬드Diamond[58]의 실험이다.

살 것인가? 아니면 팔 것인가?

최근 6개월 동안 높은 인플레이션이 발생해 경제 전 분야에 영향을 미쳤다. 그래서 재화나 서비스 가격뿐만 아니라 월급도 대략 25% 정도 상승했다. 현재 당신은 전과 비교했을 때 25%를 더 벌고 또, 더 소비하고 있다.

<제시문 1>

6개월 전 당신은 가죽 안락의자를 사려고 계획하고 있었는데 6개월 동안 가격이 400달러에서 500달러로 상승했다. 현재 과거보다 더 혹은 덜 가죽 안락의자를 사고 싶은가?

더 사고 싶다 : 7%　　　변화가 없다 : 55%　　　덜 사고 싶다 : 38%

<제시문 2>

6개월 전 당신은 소유하고 있던 골동품 책상을 처분하려고 계획하고 있었는데 6개월 동안 가격이 400달러에서 500달러로 상승했다. 현재 과거보다 더 혹은 덜 골동품책상을 팔고 싶은가?

더 팔고 싶다 : 43%   변화가 없다 : 42%   덜 팔고 싶다 : 15%

대부분의 실험참가자들은 보다 높은 명목가격 하에서는 더 팔고 싶어 했고, 덜 사고 싶어 하는 경향을 보였다. 실질가치에는 아무런 변화가 없음에도 불구하고 단지 명목가격이 더 상승했다는 이유가 더 팔고 싶어 하고 사는 것은 기피하는 유인이 된 것이다. 또한 가죽 안락의자의 경우에 비해 골동품 책상에 대한 〈제시문 2〉에 대해서는 '변화가 없다'는 응답이 과반수에 못 미치는 것은 의미가 있는 결과라고 할 수 있다. 이는 사람들이 사고자 할 때와 팔고자 할 때 사이에 일정한 화폐착각이 있음을 보여주는 것이기 때문이다.

과연 사람들은 사전에
미리 예측할 수 있었을까?

사후확신편향

보통 사람들은 어떤 사건이 발생하고 난 후 그 결과를 이미 알고 경우 그 결과를 사전에 몰랐었더라도, 이미 발생한 현재의 결과를 훌륭하게 예측할 수 있을 것이라고 믿는 경향이 있다. 이를 가리켜 사후확신편향Hindsight Bias이라고 한다. 우드Wood[59]는 '처음부터 그렇게 될 줄 알았다'라고 생각하는 경향을 가리켜 사후확신편향이라고 정의하였고, 최인철[60]은 '자신은 처음부터 어떤 사건의 결과를 예측할 수 있었다고 확신하는 경향'과 '그 때문에 당연히 놀라워 해야 할 예외적인 사건의 결과에 대해서도 별로 놀라지 않는 경향'이라고 사후확신편

자료 : 픽사베이

향을 정의하였다. 요약하면 자신의 판단 기준을 설정한 결과를 알기 이전에 먼저 예측했던 것들을 무시하면서, 결과가 나온 후 먼저 예측한 것에 대한 자신의 생각을 바꾸는 현상을 가리켜 사후확신편향이라고 정의할 수 있는 것이다.

　사후확신편향은 이용가능성 휴리스틱이 일으키는 바이어스 가운데 하나로 자신의 판단능력과 예측능력 등에 대해 막연한 확신을 갖는 자기과신 현상을 발생시키기도 한다. 피쇼프Fischhoff · 베이스Beyth[61]는 실험을 통해 사후확신편향을 입증했는데, 이들은 실험참가자들에게 닉슨 대통령이 모스크바와 북경을 방문한 결과를 알려준 후 방문 전에 각 결과에 부여했던 확률을 기억해내도록 하였다. 그 결과 실험참가자들은 실제로 발생한 사건에 더 높은 확률을 부여했고, 발생하지 않은 사건에는 낮은 확률을 부여했다. 이런 실험을 통해 사후판단편향을 입증하였다.

　본드라케Bonds-aacke 등[62]은 슈퍼볼 결승전이라는 스포츠를 대상으로 사후확신편향이 발생하는지 여부를 검증하였다. 이들의 실험에서 실험참가자들 대학생들로 총 42명이었고 성별 구성은 남자 13명 여자 29명이었다. 실험참가자들은 모두 심리학 수업을 수강해 사후확신편향을 인지하고 있는 상태였다. 이들에게 1999년 애틀랜타 팔콘 VS 덴버 브롱코스의 슈퍼볼 결승전 경기결과를 시합이 열리기 전 주말에 사전에 예측하도록 한 후 시합이 끝난 후인 월요일에 다시 회상 예측을 하도록 하였다.

　사전 예측에서는 총 27명여학생 20명, 남학생 7명의 학생들이 애틀랜타 팔콘팀이 승리할 것으로 예측하였고, 15명여학생 9명, 남학생 6명의 학생이 덴버 브롱코스가 승리할 것이라고 예측하였다. 그런데 사후 예측 결과 사전 예측에서 애틀랜타 팔콘팀이 승리할 것이라고 예측한 27명의 학생들 가운데 55.6%에 해당하는 약 14명의 학생들이, 덴버 브롱코스가 승리했고 애틀랜타 팔콘팀이 패배했음에도 불구하고 놀라지 않았다고 반응함으로써 사후확신편향을 보인 것으로 나타났다.

　사후확신편향 역시 행동경제학에서 실증한 여타의 비합리적인 선택과 마찬가지로 우리 주변에서 어렵지 않게 찾아볼 수 있다는 특징을 보인다. 일례로 스포츠와 관련해 종종 언급되는 표현 속에서도 사후확신편향을 어렵지 않게 발견할 수 있다.

　"최근 국제무대에서 대표팀이 부진한 이유는 한국 프로 스포츠에 낀 거품에서 비롯된 '예고된 재앙', '인재人災'이다. 이름값 있는 일부

선수에 대한 의존도가 높고 대체 선수 발굴에 실패했다는 등 세계적 흐름에 발맞춘 시스템 구축이나 체질 개선이 뒤따라주지 못한 데 따른 결과이기 때문이다."

위와 같은 반응을 어떻게 볼 것인가? '예고된 재앙', '인재人災'라는 표현은 결과를 알고 난 후 마치 사전에 미리 결과를 알고 있었다는 것과 같은 의미이다. 그렇다면 국제 무대에서 한국 대표팀의 실패는 정말로 예고된 재앙, 인재라고 할 수 있을까? 결코 그렇지 않다. 그 누구도 알면서도 그랬을 수는 없다. 단지 몰랐거나 자기 과신이 있었을 뿐이다.

아이들이 뭔가 실수했을 때 아무렇지 않게 내뱉는 "처음부터 네가 실수할 줄 알았어."라는 표현이나 수학능력시험을 잘 치러 이른바 명문대학에 합격한 수험생에게 "나는 처음부터 네가 좋은 대학에 갈 것이라고 생각했어."라는 표현, "나는 처음부터 OOO 씨가 크게 성공할 줄 알았어." 등등 지극히 사소한 일상생활에서부터 타인에 대한 평가는 물론 매우 무거운 분위기의 사회문제에 이르기까지 수없이 많은 상황에서 종종 사후확신편향을 경험하게 된다. 처음부터 미리 결과를 예측할 수 있는 상황도 또 예측할 수 있는 사람도 존재할 수 없다. 그럼에도 불구하고 사람들은 자신이 마치 어떤 결과가 발생하기에 앞서 그 결과를 예측할 수 있는 것처럼 무의식적으로 생각하고 이를 말로 표현하는 경우가 비일비재하다. 여러분은 어떤가? 지금 이 순간 여러분은 사후확신편향으로부터 자유로운 존재인가?

사람들의 선호도는 종종 뒤바뀐다

선호의 역전

주류 경제학에서는 사람들을 합리적인 존재로 가정하기 때문에 선택이 수반되는 행동을 하는 경우 폰 노이만Von Neumann · 모르겐슈타인Morgenstern[63]의 기대효용이론에 따라 기대효용expected utility을 최대화할 수 있는 대안을 선택한다고 한다. 이때 기대효용이론은 어떤 대안의 선택에 있어 합리성 여부를 판단하는 기준이 되기 때문에 규범적 이론normative theory이라고 불린다. 트버스키[64]는 사람들의 대안 선택 행동을 기대효용이론에 기초해 설명하려면, 첫째, 표현양식과 관계없는 선호의 일관성. 둘째, 상황의 표현 형태와 관계 없는 선호의 일관

선호는 변한다!

성. 셋째, 가능한 선택대안의 구성 또는 선택집합이 어떠한지와 관계 없는 선호의 일관성 등 세 가지 원칙이 유지되어야 한다고 하였다.

그러나 현실에서는 위에서 제시한 세 가지 원칙들을 위배하는 현 상이 발견되고 있으며, 이를 설명하기 위한 선택 및 의사결정의 인 지과정에 대한 모델과 원칙들이 제시되었다. 이를 가리켜 기술적 이 론descriptive theory이라고 한다. 기술적 이론에 따르면, 대안을 선택하 는 행동에서 사람들의 선호는 규범적 이론인 기대효용이론에서 제 시하고 있는 것처럼 일정하지 않고 선호를 유발하는 과정에서 구성 된다고 한다. 즉, 사람들의 선호는 기술적 이론을 지지하는 현상들 인 표현양식이나 상황의 표현, 선택 대안의 구성 또는 선택집단의 변 화에 따라 선호도 달라진다는 것인데, 이것을 가리켜 선호의 역전 preference reversal 현상이라고 한다.

베트먼Bettman 등[65]은 사람들은 체계적으로 정의된 선호를 형성하고 있지 않으며, 선택을 필요로 하는 상황 또는 선호를 필요로 하는 순간 즉, 선택과정에서 자신의 선호를 구성한다고 하였다. 선택과정에서 선호가 구성된다는 것은 곧 선호가 상황이나 맥락에 의해 영향을 받을 수 있음을 의미한다. 이때 상황 요인으로 대안의 수, 정보 접근가능성, 정보 제시방법, 반응양식, 그리고 시간의 압박 등을, 맥락 요인으로 대안들의 특성 가치로서 상대적으로 월등한 대안의 존재 그리고 대안들의 매력도 등이 있다.

선호의 역전현상을 얘기할 때 빼놓아서는 안 되는 사람들이 있는데 바로 리히텐슈타인Lichtenstein · 슬로비치Slovic[66]이다. 그 이유는 선호를 표현하는 방식에 따라 체계적으로 선호가 달라지는 현상을 실험을 통하여 처음으로 입증하였기 때문이다. 이들은 도박gamble을 실험과제로 사용하여 선호의 역전현상을 설명하였다. 실험을 위해 실험참가자들에게 두 개씩 짝을 이룬 여러 도박 세트를 보여주고 두 개 중 자신이 더 선호하는 도박을 하나 선택하거나 아니면 각각의 도박을 대상으로 도박의 참가를 위해 자신이 지불하고자 하는 의사가 있는 상한액을 정하도록 하였다. 그런데 두 도박은 서로 다른 특징이 있었다. 하나는 도박에서 이길 경우 기대할 수 있는 금액은 작지만 확률이 높고, 다른 하나는 그 반대로 이길 경우 기대할 수 있는 금액은 크지만 확률은 낮은 도박이었던 것이다. 이를 각각 P베팅P-bet, $베팅$-bet이라고 지칭하였다.

실험결과 실험참가자들이 선택을 할 때 P-bet을 더 선호하는 반면, 가격을 정할 때는 오히려 $-bet을 더 선호하는 것으로 나타났다. 실험참가자들이 각자가 더 선호하는 대안**도박**을 선택했다면, 선택한 대안**도박**을 더 높게 가격을 책정했어야 함에도 불구하고 상반되는 선택을 한 것이다. 이러한 현상에서 확률은 선택이라는 표현양식—도박에 이길 경우, 기대할 수 있는 금액은 가격을 정하게 하는 것이 각각 더 잘 어울리기 때문에 —에 따라 대안의 요인이 달라진다는 것을 알 수 있다. 즉 선택과 가격책정이라는 평가과정에서 각각의 대안이 갖는 속성 중 더 중요하다고 생각되는 속성에 보다 큰 가중치를 부여한 결과 두드러지는 대안이 선호된 것이다.

아이를 출산하기 전까지만 해도 아이의 건강을 위해 모유수유를 생각하고 있던 부부가 막상 아이 출산 후 특별한 이유 없이 갑자기 분유로 바꾼다든지, 자연분만에서 제왕절개 분만으로 바꾸는 경우, 평소 세단 자동차를 구입하려고 했던 사람이 막상 자동차를 사러 갔다가 역동적인 분위기에 이끌려 SUV자동차를 구입하는 경우 역시 선호의 역전현상이 나타난 결과라고 할 수 있다.

제한된 합리성을 가지고 있는 사람인 이상 대안의 수, 정보로의 접근가능성, 정보 제시방법, 반응양식, 그리고 시간의 압박, 대안들의 특성 가치로서 상대적으로 월등한 선택 가능한 대안의 존재, 선택 가능한 대안들의 매력 등에 따라 얼마든지 선호의 역전현상에 직면할 수 있다. 물론 선호의 역전현상이 부정적인 것만은 아니다. 그러나 경제학적 관점에서 볼 때 비합리적인 현상인 것은 확실하다. 당신은 어떤 형태로 선호의 역전현상을 경험해보았는가?

최선보다는 후회를 덜 하는 대안을 선택한다

후회이론

사람들은 어떤 대안을 선택한 이후 만약 자신들이 선택했던 대안을 선택하지 않았더라면 결과가 어땠을까 하는 생각을 하곤 한다. 이때 자신들이 선택했던 대안에 비해 포기했던 대안을 선택했더라면 더 바람직한 결과를 기대할 수 있을 것이라는 상상을 하게 된다면, 사람들은 일종의 쓰린 감정을 경험하게 될 것이다.

　가령 비슷한 가격의 A, B, C라는 영양제의 구입을 놓고 고민하다 B 영양제를 구입했는데 나중에 알고 보니 A영양제는 고가의 제품이었고 세일 기간에만 특별할인해 판매했던 것을 알게 된다면, 어떤 감

후회라는 쓰라린 마음

자료 : 픽사베이

정을 느끼게 될까? 또한 직장에서 간식비에 충당하기 위해 사다리 놀이를 했는데 선택한 줄이 하필이면 간식비를 내는 줄이었다면 어떤 감정을 느끼게 될까? 아마도 일종의 속 쓰린 감정을 경험하게 될 것이 확실하다. 이런 감정을 가리켜 '후회'라고 정의하게 된다. 따라서 질렌베르그Zeelenberg[67]는 후회란 '만일 다르게 행동했더라면 더 나아졌을 것이라는 점을 깨달았거나 상상할 수 있을 때 느끼는 부정적 감정'이라고 정의하였다.

후회는 시간 측면, 행동의 유무에 따라 나눌 수 있다. 가장 먼저 시간 측면에서의 후회란 과거의 어떤 의사결정을 통해 느끼는 경험된 후회와 어떤 특별한 결정을 하게 될 경우 느끼게 될지도 모르는 후회를 상상하는 경우 즉, 질렌베르그[68]의 후회를 예상하는 후회 정도로 구분할 수 있다. 다음으로 행동의 유무에 따른 후회의 구분은 행동에 따른 후회와 행동하지 않음에 따른 후회로도 구분할 수 있다. 이와 관련해 카너먼과 트버스키[69]·카너먼·밀러[70]는 사람들은 보통 어떤 선택이 부정적인 결과를 초래한 경우 동일한 부정적 결과가 발생하더라도 선택을 하지 않아 초래된 부정적 결과보다, 선택을 한 경우 초래된 부정적 결과 때문에 더 많은 후회를 한다고 주장했다.

다음은 1982년 카너먼과 트버스키의 실험이다. 이런 실험에서 실험참가자의 92%가 선택 행동을 취한 결과로 이익을 적게 낸 밥Bob이 행동을 하지 않은 아담스Adams에 비해 더 큰 후회를 경험할 것이라고 응답했다.

아담스와 밥중 누가 더 후회하고 있을까?

사람	상황
Adams	- 현재 A전자 주식을 보유하고 있었다. - 작년에 A전자 주식을 처분한 후 B철강 주식을 매입하려고 고려했었다. - 만약 B철강 주식을 매입했다면 150만 원의 추가적인 투자수익을 확보할 수 있었다.
Bob	- 현재 A전자 주식을 보유하고 있다. - 작년에 B철강 주식을 처분한 후 A전자 주식을 구입하였다. - 만약 B철강주식을 처분하지 않고 보유했다면 150만 원의 추가적인 투자수익을 확보할 수 있었다.

룸스Loomes·슈든Sudgen[71]은 후회이론에서 말하는 선택대안의 효용이란 사람들이 선택하지 않았던 대안의 결과에 기초해 유발되는 감정에 의존한다고 말했다. 이는 두 가지 기본 가정을 전제로 하고 있

는데 그 내용은 다음과 같다.

첫째, 사람들은 자신들이 선택한 대안에 의해 발생한 결과와 포기했던 대안을 선택했었더라면, 기대할 수 있었을 결과를 비교한 후 이를 기초해 감정을 결정한다. 이때 포기했던 대안이 선택했던 대안에 비해 더 좋은 결과를 기대할 수 있다는 것을 알게 된다면, 후회를 하게 되고 그 반대의 경우라면 만족감을 느끼게 되는 것이다.

둘째, 사람들은 의사결정 시 선택에 따라 수반되는 정서적 결과들을 예상해 고려한다. 즉, 어떤 대안의 선택 이후 나타날 수 있는 부정적 정서들인 후회나 실망, 자기비난 등은 피하려고 하는 반면, 긍정적 정서들인 기쁨, 사기충천, 자긍심 등은 추가하려고 노력하게 된다. 이러한 정서적 추구 경향이 사람들의 의사결정에 있어 중요하게 작용한다.

결국 후회이론에 따르면, 사람들은 주류 경제학에서 가정하고 있는 것처럼 기대효용의 극대화를 위한 대안을 선택하는 것이 아니라, 선택하지 않았던 대안으로 인해 야기되는 후회의 감정을 최소화할 수 있는 대안을 선택한다고 할 수 있다. 사람들은 선택한 대안의 결과를 알게 되면 먼저 그것을 자신이 포기했던 대안의 결과와 비교를 한다. 그리고 나서 자신이 선택한 대안에 비해 포기했던 대안이 더 나은 결과를 가져오는 것으로 판명되었다면, 사람들은 자신의 선택을 후회하게 된다. 이러한 경험들이 모여 새로운 대안의 선택이나 결정에 앞서 자신이 느끼게 될 후회에 대해 어느 정도의 예측을 가능하게 되고, 그로부터 촉발될 수 있는 후회 정도를 새로운 대안의 선택 시

고려하게 한다.

룸스·슈든은 어떤 대안을 실제로 선택함에 따라 발생한 결과와 포기했던 대안을 선택했을 경우, 가질 수 있었던 결과의 차이에 따라 후회 정도가 결정된다고 하였다. 즉, 실제로 선택한 대안에서 포기한 대안을 차감한 차이가 크면 클수록 후회의 폭도 커지게 되는 것이다. 예를 들어, 어떤 사람이 복권을 가지고 있는데 추첨하기 전에 당신에게 어젯밤에 길몽을 꾸고 산 로또 복권인데 지금 돈이 급해서 그러니 10만 원에 자신의 복권을 사달라고 말한다면 당신은 그 복권을 사겠는가? 아마도 당신이 보통의 사람이라면 당신의 대답은 No일 것이다. 그런데 만약 당신이 사주지 않은 그 복권이 2등에 당첨돼 5천만 원을 당첨금으로 받게 된 경우, 1등으로 당첨돼 15억 원을 당첨금으로 받게 된 경우 어느 쪽이 당신으로 하여금 더 큰 후회를 유발하게 될까? 두말할 필요도 없이 15억 원의 당첨금을 수령하게 된 경우일 것이다. 이제 이해되는가?

이런 후회이론은 마케팅, 특히 광고에서 흔히 접할 수 있다. 기업이 효과적인 광고를 하기 위해서 그 광고가 소비자의 기억에 남도록 해야 하는데, 이를 위해 공포 혹은 위협 소구를 활용한 광고가 활용되곤 한다. 공포 혹은 위협 소구를 활용한 광고는 만일 이 제품을 구매하지 않는다면, 소비자가 입을 혜택보다 피해가 훨씬 더 크다는 결과를 보여줌으로써 소비자의 공포를 자극하는 광고를 말한다.

1991년 낙동강 페놀 유출 사건으로 수질오염 문제가 심각하게 받아들여지고 있을 때, 맥주회사 하이트는 '지하 150m 암반에서 끌어올린 천연 지하수로 만든 맥주'라는 메시지를 강조해 엄청난 성공을 거둔 바 있다. 금융상품을 판매하는 증권사나 보험사들의 광고에서도 후회이론을 활용한 광고를 자주 접하게 된다. 노후를 걱정하는 직장인들의 모습을 보여주면서 가상의 미래 즉, 미리 노후를 준비하지 않아 '젊었을 때 미리 준비해 두었어야 한다.'는 후회를 하는 모습을 보여주면서 자산관리의 필요성을 강조하곤 했다.

이들 광고를 접한 소비자들에게 준비 없는 미래에 대한 불안감 내지는 공포를 조장한 후, 미래에 후회하고 싶지 않다면 서둘러 자사의 금융상품에 가입하라는 메시지를 전달하는 경우에 해당되는 것이다.

사람은 누구나 시도 때도 없이 후회를 한다. 사소한 것에서부터 중대한 내용에 이르기까지 그 내용도 다양하고 폭 또한 넓다. 그러므로 후회는 지극히 자연스러운 현상이다. 그러나 후회가 합리적인 방안으로의 의사결정에 장애요인으로 작용하게 된다면, 즉, 과거의 선택에 따라 누적되어 온 후회의 경험들이 새로운 미래를 위한 대안선택에 영향을 미치게 된다면, 매우 강력하고 부정적인 요인이 될 것이다. 따라서 후회는 하되 후회에 사로잡히지 않도록 이성의 날을 세워야 한다. 오늘 내린 어떤 의사결정이 혹시 당신의 삶 속에서 누적된 후회의 경험들에 영향을 받은 것은 아닌지 검토하는 습관이 필요할 듯 싶다.

맥락에 따라 어떤 일을 추론하고 해석할까?

맥락효과

모든 일은 각각의 특정한 상황 속에서 발생한다. 이때 특정한 상황이나 맥락은 그 일이 발생하게 된 강력한 원인으로 받아들일 가능성이 매우 높다. 뉴스를 통해 청소년들이 길거리에서 서로 폭력을 행사하다 경찰에 연행되어 조사를 받고 있다는 소식을 들었다고 하자. 이 경우 만약 청소년들이 저녁 늦은 시간에 싸움을 벌이다 경찰에 연행되어 조사를 받고 있다는 보도를 접하게 될 경우, 요즘 문제가 되고 있는 청소년들의 음주폭력 사태가 원인이라고 결론내리기 쉽다. 이에 비해 대낮에 청소년들이 길거리에서 싸움을 벌이다 경찰에 연행되어 조사를 받고 있다는 보도를 접하게 된다면, 음주폭력 사태로 생각하기보다는 청소년들 사이에 발생한 집단폭력 사태가 원인이라고 결론 내리기 쉬울 것이다.

이번에는 TV드라마 혹은 영화 속 한 장면에서 특정 주류위스키, 포도주, 소주, 막걸리 등의 술을 마시는 상황을 시청했다면 어떻게 될까? 우선, 고급 파티에서 포도주를 마시고 있는 장면을 보았다면 아마도 포도주를 비싸고 고급스러운 파티용 술로 해석하게 될 것이다. 비즈니스 미팅 현장에서 위스키를 마시는 경우 역시 고급 비즈니스 미팅에서 마시는 비싸고 고급스러운 술로 해석하게 될 것이다. 이에 비해 포장마차에서 꼼장어나 우동을 안주삼아 소주를 먹는 모습이나 농사일을 하다 새참으로 논이나 밭에서 막걸리를 마시는 모습을 시청했다면, 막걸리를 고급스러운 술이라고 해석하기보다는 저렴하고 푸근한 술로 해석하게 될 것이다.

이런 현상이 발생하는 이유는 사람들이 행동의 원인을 추론할 때, 사람의 행동을 보고 그 행동을 하도록 만든 많은 원인들 가운데 그 행동이 발생했던 상황을 살펴본 후 그중에서 가장 그럴듯한 원인을 찾기 때문이다. 즉, 그 일과 관련된 상황이나 맥락을 더 중요하게 고려하는 것에서 찾을 수 있다. 물론 이 과정에서 처음에 알게 된 정보들이 그 이후에 알게 된 새로운 정보들의 지침을 만들고 전반적인 맥락을 제공하게 된다. 이처럼 어떤 자극이 속한 맥락의 특성이 그 자극의 지각에 영향을 미치는 현상을 가리켜 맥락효과라고 한다. 맥락효과는 유인효과, 타협효과, 범주화효과를 포괄하는 개념이다. 다음은 아쉬Asch[72]의 맥락효과에 대한 실험이다.

A씨를 누가 더 괜찮게 평가할까?

구분	가상인물	제시 형용사
실험 집단 1	A	질투심이 강한, 완고한, 비판적인, 충동적인, 근면하고 지적인 (envious, stubborn, critical, impulsive, industrious and intelligent)
실험 집단 2	A	지적인, 근면한, 충동적인, 비판적인, 완고하고 질투심이 강한 (intelligent, industrious, impulsive, critical, stubborn and envious)

아쉬는 실험참가자들에게 가상인물을 설정한 후 그 사람에 대한 인상이 어떤지를 쓰도록 하였다. 이때 그 사람의 성격을 나타내는 형용사들을 제시하였는데 실험집단 1과 실험집단 2에 제시된 형용사는 모두 동일하였고 나열 순서만 서로 다르게 배치되었다. 실험결과 실험집단 2에 속해 있는 실험참가자들이 실험집단 1에 속해 있는 실험참가자들에 비해 가상인물인 A를 더 높게 평가하는 것으로 나타났다. 단지 순서만 바뀐 것임에도 불구하고 실험참가자들은 긍정적인 형용사가 먼저 제시된 경우 그 인물에 대해 호의적인 반응을 나타낸 것이다. 이는 맥락효과로 설명이 가능하다. 즉, 처음에 제시된 정보가 큰 틀의 맥락을 형성하고 이 맥락 내에서 나중에 제시된 정보를 해석하기 때문에 그 의미가 전환되는 것이다.

맥락효과어떤 의미에서 맥락효과는 고정관념이라고 볼 수도 있다는 사람들이 미처 인식하기도 전에 사람들의 생각을 지배해 버린 후 비합리적인 선택을 하도록 만들 가능성이 있다. 그러므로 경제적 의사결정에 앞서 혹시 어떤 맥락에 따른 결정을 내리는 것은 아닌지 따져 볼 필요가 있다. 지금 여러분의 주변에서 나타나고 있는 가장 강력한 맥락효과 는 어떤 것인가?

새로운 대안이 아닌
기존의 대안을 선택할까?

유인효과

후버Huber 등[73]은 새로운 대안이 선택집합에 추가되었을 때 이와 비슷한 기존 대안의 선택확률이 증가되는 현상을 실험연구를 통해 처음으로 입증하였는데, 이를 가리켜 유인효과라고 말했다. 유인효과는 맥락효과의 하나로 김윤태[74]에 따르면, 유인효과는 지금까지 전통적인 소비자 선택이론에서 가장 기본적으로 작동하는 선택 요인이다. 새로운 브랜드가 시장에 진입할 경우, 기존 브랜드는 시장점유율을 잃거나 유지한다는 정규성에 위배가 된다. 한편 이것은 신제품이 기존시장에 진입할 경우 기존제품의 점유율 변화는 기존 각 브랜드가 가지고 있던 점유율을 기준으로 변화한다는 비례성 이론, 그리고 특히 기본 브랜드 중 새로 진입한 브랜드와 유사한 브랜드일수록 더 큰 점유율의 축소가 나타난다는 대체성 이론에 위배되는 현상이다. 후버 등은 새로 시장에 진입한 브랜드가 이미 시장에 나와 있는 브랜드들 중 어느 특정 브랜드에 대해서만 열등한 것일 경우이를 비대칭적 열등 대안, 혹은 유인 브랜드Decoy brand라 함, 이러한 유인효과가 존재할 수 있음을 입증하였다.

아래 그래프는 유인효과를 설명하기 위한 그림이다. 그림에서 보는 것처럼 X라는 새로운 브랜드가 새롭게 시장에 진출한다고 하자. 이때 새롭게 시장에 진입한 이 제품은 두 가지 속성에서 제품 B 보다는 모두 열등하기 때문에 제품 B에는 완전히 지배되는 제품

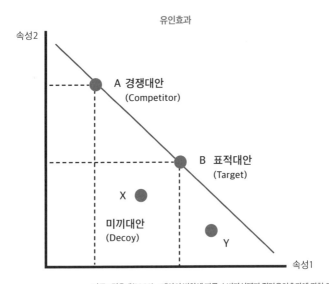

자료 : 김윤태(2009), <대안의 변화에 따른 소비자선택과 집단유인효과에 관한 연구>

이다. 그러나 제품 A의 경우는 속성2는 열등하지만 속성1은 우등하기 때문에 제품 A에는 확실하게 지배되지 않는 제품임을 확인할 수 있다. 이처럼 어느 하나의 대안에 대해서만 지배되고 다른 대안에 대해서는 지배되지 않는 대안을 가리켜 비대칭적으로 지배되는 대안 Asymmetrically Dominated Alternative: ADA이라고 부른다.

한편 또 다른 제품 Y의 경우를 보자. 제품 Y는 제품 B와 비교했을 때 속성2는 열등한 반면 속성1은 다소 우위를 나타내는 제품이다. 지배관계 측면에서 볼 때 제품 X와 비교하면 상대적인 지배관계가 있음을 확인할 수 있다. 다시 말해, 이 대안은 선택집합 내의 한 가지 속성에 의해서만 상대적으로 지배되는 대안인데, 이러한 대안을 가리켜 상대적으로 열등한 대안Relatively Inferior Alternative: RIA이라고 부른다.

학계의 많은 연구결과를 보면, 비대칭적으로 지배되는 대안과 상대적으로 열등한 대안이 선택집합에 추가되었을 경우, 지배관계가 성립되는 B의 선택확률이 증가하는 것으로 나타나고 있다 예를 들어, 기존 브랜드 중 새로 진입한 브랜드와 비슷한 속성을 가지고 있으면서, 새로 진입한 브랜드를 비대칭적으로 지배하거나 상대적으로 우위를 갖게 된 브랜드의 경우에는, 신규 브랜드의 진입으로 인해 점유율을 잠식당하는 것이 아니라 오히려 점유율이 늘어나는 현상이 기존의 시장점유율과 상관 없이 발생한다는 말이다.

이처럼 여러 선택대안 중에서 특정 대안의 매력도를 증가시킴으로써, 최종적으로 특정 대안을 선택할 확률을 증가시키는 대안을 가리켜 미끼대안Decoy Alternative이라고 한다. 한편, 미끼대안이 추가됨에 따라 시장점유율이 하락하는 제품 A는 경쟁대안Competitor Alternative,

미끼대안 때문에 오히려 시장 점유율이 증대되는 제품 B는 표적대안 Target Alternative이라고 하며, 표적대안과 경쟁대안이 존재하는 기본적인 선택상황을 핵심대안군Core Set이라고 한다.

유인효과가 실제로 빈번하게 활용되고 있는 분야 가운데 하나가 마케팅 분야이다. 예를 들어, 50만 원 상당의 캐주얼 의류가 주력 판매상품인 의류업체가 있다고 가정하자. 이런 경우 유인효과의 활용을 위해 의류 판매업체는 동일한 가격이지만 제품의 품질이 다소 떨어지는 제품 혹은 동일한 품질이지만 가격이 다소 비싼 제품을 새롭게 판매시장에 내놓게 될 것이다. 이를 통해 주력 제품인 50만 원 상당의 캐주얼 의류의 판매 증가를 기대할 수 있기 때문이다.

여행사의 여행상품 마케팅에서도 유인효과가 활용되고 있음을 발견할 수 있다. 판매가격이 100만 원인 중국 여행상품을 주력 상품으로 판매하는 여행사가 있다고 하자. 이때 주력 여행상품의 판매 촉진을 위한 방안으로 이 여행사는 기존의 100만 원짜리 여행상품에 비해 몇 가지 옵션이 기본으로 포함된 150만 원짜리 여행상품을 새롭게 시장에 내놓을 수 있다. 이를 통해 비록 150만 원 상당의 여행상품 판매 실적이 양호하지 못하다 할지라도 100만 원짜리 여행상품의 판매 촉진을 기대할 수 있기 때문이다. 카드사의 신규카드 상품 마케팅 방법 역시 다르지 않다. 기존의 플래티넘 서비스에 비해 몇 가지 혜택을 추가한 로열플래티넘 카드를 발급하는 경우 역시 위와 같은 논리에서 출발한 경우라고 할 수 있다.

이처럼 유인효과는 보이지 않는 손이 작동하고 있는 시장 속에서 소비의 주체로서 사람들이 어떻게 행동하는가를 여실히 보여주는 현상이다. 인간이 합리적이라면 소비의 주체인 소비자 역시 합리적인 소비행동을 해야 하지만 유인효과에서 확인할 수 있는 것처럼 소비자들은 너무 종종 비합리적인 선택을 하고 있다. 사람들 좀 더 구체적으로 말해 소비자들은 과연 합리적인 것일까?

적당한 조건의 상품이 더 잘 통한다

타협효과

선택 가능한 집합의 끝쪽에 위치하고 있는 대안에 지배당하지 않는 선택대안을 추가함으로써 끝쪽에 위치하고 있는 선택대안의 점유율을 더 많이 빼앗아옴으로써 가운데 자리 잡고 있는 대안의 점유율이 높아지는 현상을 가리켜 타협효과라고 하는데 맥락효과에서 이미 언급한 바와 같이 맥락효과의 하나라고 할 수 있다.

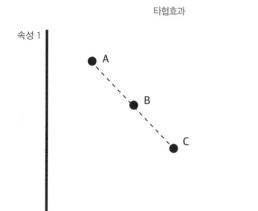

타협효과

속성 1

A

B

C

속성 2

자료 : BSI 경영연구원

즉, 위 그래프에서 A, B로 이루어진 선택집합의 끝쪽에 C라는 선택대안이 추가될 경우, C는 가운데 선택대안인 B보다 A의 점유율을 더 많이 빼앗아오게 되고, 따라서 B는 [A, B, C]로 이루어진 선택집합에서 점유율이 가장 높게 나타나게 된다.

시몬슨Simonson[75]에 따르면, 소비자는 어떤 대안이 가장 높은 효용을 제공하는지를 판단하기 어려운 경우 보통 자신의 결정을 합리화할 수 있는 가장 확실한 근거가 뒷받침되는 대안을 선택하는 경향이 있고 이에 따라 타협대안이 선택된다고 주장하였다. 이러한 주장은 상당한 설득력이 있다. 실제로 어떤 제품이나 서비스를 구매하는 경우 소비자는 각기 다른 속성에 대한 대안들의 진정한 가치를 정확히 파악하기 어려운 경우가 비일비재하다. 더 나아가 각각의 속성들이 갖는 중요성과 각 선택대안들의 속성 가치합에 대해서도 정확한 판단을 내리기 어려운 것 역시 사실이다.

이런 이유로 소비자들은 중간에 위치하고 있는 선택대안을 선택하게 되는데, 이로써 두 가지 속성을 통합적으로 고려했다는 주장이 가능함과 동시에 자신들이 선택한 대안들에 대한 타인들의 비판에서 상대적으로 자유로울 수 있게 되는 것이다. 사람들은 자기 주변에 있는 다양한 부류의 사람들에게서 자신의 선택이 합리적 선택이었음을 인정받으려는 경향이 있다. 이런 이유로 시몬슨은 타협대안이 더 안전하며 다른 사람에 의해 비난을 받을 가능성이 적고, 따라서 그러한 대안이 그들의 선호에 대해 불확실한 소비자에 의해 선택될 가능성이 높아지게 된다고 주장하였다.

한편, 시몬슨·트버스키[76]는 극단회피 현상을 이용해 타협효과의 인지적 매커니즘을 설명한 바 있다. 트버스키·카너먼[77]의 가치함수에 의하면, 인간은 손실을 회피하는 경향이 있다. 동일한 크기의 이익과 손실이라 할지라도 이익의 경우 보다 손실의 경우가 심리적으로 더욱 크게 받아들여지기 때문이다. 이는 손실이 이익보다 더 큰 가중치를 갖게 된다는 의미이다. 극단회피는 이러한 손실회피의 원리를 기준점이 아닌 선택집합에 있어서 다른 대안에 대한 우수한 점과 열등한 점으로 확장된 것이다.

앞의 그래프에서 세 가지 대안을 두 가지 속성 측면에서 비교하면 속성1에 대해서는 A1〉B1〉C1이며, 속성2에 대해서는 A2〈B2〈C2이고, A와 C는 극단적인 대안으로 선택확률이 낮아지게 된다. 속성2의 측면에서 볼 때 A는 C보다 극단적으로 열등하고, 반대로 속성1의 측면에서 볼 때 C는 A보다 극단적으로 열등하다. 이에 비해 B는 각 속성에 대해 A나 C보다 손실이 적다. 그러므로 세 개의 선택대안을 비교하면, 각각 두 개씩을 비교할 때보다 B의 매력도가 커지면서 B는 우월한 대안의 역할을 하게 된다. 결국, 각 속성에 대한 손실이 이익보다 크게 보이기 때문에 양 끝에 자리 잡은 대안들을 회피하게 되는데 여기서 타협효과가 나타나게 된다. 다음은 타협효과를 입증하기 위한 시몬슨과 트버스키의 실험이다. 이를 통해 타협효과를 보다 쉽게 이해할 수 있을 것이다.

어떤 카메라를 선택할 것인가?

시몬슨·트버스키는 각각 가격이 다른 3가지 종류의 미놀타 카메라를 가지고 타협효과를 증명하고자 했음.

A카메라(저가) : 170달러

B카메라(중가) : 240달러

C카메라(고가) : 470달러

ⅰ) A, B 카메라 중에서 선택

ⅱ) A, B, C 카메라 중에서 선택

실험결과 저가와 중가 카메라를 대상으로 선택하게 한 경우 선호의 차이가 발생하지 않았다. 그런데 저가, 중가, 고가 카메라를 대상으로 선택하게 한 경우에는 57%의 실험참가자들이 중간 가격인 카메라 B를 선택한 것으로 나타났다. 타협효과가 나타난 결과다.

　타협효과는 "튀지도 말고 처지지도 말고 중간만 가자."라는 주의와 일맥상통한다. 당연히 합리적인 선택과는 다소 거리가 있는 것이라고 할 수 있다. 그러므로 가능한 한 타협효과에서 자유로워지면 자유로워질수록 보다 합리성에 가까워진다는 사실만큼은 꼭 명심하도록 하자. 그 누구도 다른 누군가를 대신해 합리적인 선택을 해줄 수 없고, 합리성 앞에 모두가 혼자 서 있는 외로운 존재여야만 하기 때문이다.

적당한 가격에
구입했다는 착각

타협효과 2

소비자들은 매 순간마다 엄청나게 많은 상품과 관련된 정보들을 접하게 된다. 그러나 수없이 많은 상품들과 그 상품들과 관련된 정보들이 많아지면 많아질수록 덩달아 소비자들의 고민도 깊어지기 마련이다. 수없이 많은 상품들을 모두 사용해보지 않은 이상, 어떤 상품이어느 정도의 만족감을 주는지, 혹은 그 상품의 가격이나 가격 대비 품질은 어떠한지 등과 관련된 객관적 정보가 부족하기 마련이다. 그런이유로 각각의 상품과 관련된 정확한 판단을 내리는 것 자체가 거의불가능에 가깝다. 그래서 소비자들은 자신의 결정을 합리화할 수 있

삼성 갤럭시 북2 프로 제품 예시

갤럭시 북2 Pro 360 39.6 cm
Core™ i7 / 1 TB NVMe SSD
NT950QED-KD72G

갤럭시 북2 Pro 360 39.6 cm
Core™ i7 / 512 GB NVMe SSD
NT950QED-KC71G

갤럭시 북2 Pro 33.7 cm
Core™ i7 / 1 TB NVMe SSD
NT930XED-KD71G

<가격 정보>
갤럭시 북2 PRO 360 39.6cm Core i7/1TB NVME SSD 삼성디지털프라자 가격 **244만 9,000원**
갤럭시 북2 PRO 360 39.6cm Core i7/512GB NVME SSD 삼성디지털프라자 가격 **261만 원**
갤럭시 북2 PRO 360 33.7cm Core i7/1TB NVME SSD 삼성디지털프라자 가격 **205만 9,000원**

자료 : 삼성전자디지털프라자

는 가장 확실한 근거가 뒷받침 되는 제품을 선택하는 경향을 보이게
된다. 이러한 경향이 바로 타협효과가 발생하는 근본적인 이유 가운
데 하나라고 할 수 있다.

자, 그럼 지금부터 타협효과가 비합리적인 소비로 연결되는지를
살펴보도록 하자. 좀 더 이해의 편의를 위해 지금 어떤 소비자가 전
문적인 업무용으로 활용하기 위해 노트북을 구매하기 원하고 있다고
가정하자. 또한 각 노트북 제조회사의 홈페이지, 인터넷 가격비교 사
이트, 구매자의 사용후기, 인터넷 평가 등을 종합적으로 고려하여 최
종적으로 노트북 제조회사는 삼성전자를, 제품은 최신 제품인 갤럭시
북2 제품군 중에서 하나를 구매하고 싶어 한다고 가정하자단, **노트북 화**

면의 크기는 크게 고려하지 않고 있다.

우선 이 소비자는 1차적으로 전반적인 성능이나 A/S, 사용 후기 등 다양한 정보를 활용해 최신 제품이 갤럭시 북2 PRO를 탐색할 것이다. 이어서 가장 최근에 출시된 제품인 갤럭시 북2라면 어떤 제품이 자신의 구매목적에 부합되는 것인지를 확인하게 될 것이고, 그 결과 구매검토 대상을 다음의 3개 가운데 하나로 압축하게 될 것이다.

앞의 3가지 종류의 노트북 가운데 이 소비자는 최종적으로 어떤 제품을 선택하게 될까? 아마도 이런 저런 정보를 종합해서 3개 제품으로 구입 대상을 압축하기는 했다. 하지만 위 제품을 모두 구입해서 직접 사용해보지는 못했기에 구체적으로 어느 제품이 보다 더 자신의 구매목적에 부합되는 제품인지를 정확히 판단하는 것은 거의 불가능하다. 이럴 경우, 소비자는 3개의 제품들 가운데 가격이 중간에 속하는 두 번째 노트북을 선택하기 쉽다. 최신 제품에 최신 사양을 갖추고 있고 전문적인 업무용으로 사용하기 적합한 것은 사실이다. 반면, 노트북에 대한 전문적 식견이 없어 어떤 제품이 조금이라도 더 강력한 기능을 갖추고 있는지 알 수 없는 상황에서, 나름의 확신을 가질 수 있는 방법은 중간 수준의 가격에서 노트북을 구입하는 것이라고 판단할 것이기 때문이다.

다음으로 중요한 비즈니스 미팅이나 중요한 사람과의 저녁식사 약속을 한 후 식당 예약을 하는 경우에도 타협효과가 종종 나타나곤 한다. 보통 중요한 미팅이나 중요한 사람과의 식사약속을 하게 될 경우 대접하는 쪽에서 격에 걸맞는 식당을 사전에 예약하는 것이 일반적이다. 이때 그 식당을 이용해본 경험이 있는 경우라면 예약을 하면서 곧 바로 가장 비싸지도 않고 가장 저렴하지도 않은 코스메뉴로 예약을 할 것이다. 한편, 사전에 그 식당을 이용해본 경험이 없는 경우라면 예약 담당 직원에게 코스 메뉴 가격을 몇 가지 물어본 후 그 중에서 중간 수준 가격대의 코스메뉴를 주문하게 될 것이다.

왜 그럴까? 대접하는 사람 입장에서는 너무 저렴한 코스메뉴를 대접할 경우 자칫 비즈니스 상대방이나 중요한 사람들이 "이 사람이 나를 지금 뭐로 보고 이런 대우를 하고 있는 거야!"라는 오해를 미연에 방지할 필요가 있다. 한편 너무 비싼 코스메뉴를 대접하게 될 경우 자신이 경제적으로 부담을 느끼거나 상대방이 일종의 뇌물 성격으로 받아들이는 것은 아닐지 걱정을 할 수도 있다고 판단하는 경향이 있기 때문이다. 그래서 스스로 생각하기에 문제의 소지가 있는 양극단을 배제하고 중간 가격 수준의 코스 메뉴를 예약하게 되는 것이다.

보험을 가입하는 경우에서도 타협효과가 나타나곤 한다. 보험설계사의 보험가입을 권유받아 본 경험이 있는 경우라면, 보험가입 권유를 위해 보험 설계사들이 매월 납부금액과 보장정도에 따라 3~4개 정도의 보험상품을 제시한다는 것을 알고 있을 것이다. 이때 제시받은 보험상품들은 보험설계사가 아무리 자세히 설명해줘도 소비자들이 이해하기 어려운 것이 사실이다. 그래서 보험상품과 관련된 설명은 건성으로 대충 듣고 주요 보장내용만 간단히 확인한 채 매월 납입하는 보험료가 얼마나 되는지를 확인하는 경우가 대부분이다.

그렇다면 과연 소비자들은 어떤 보험상품을 선택하게 될까? 물어

볼 필요도 없이 아마도 제시받은 상품의 보험료가 양극단 즉, 가장 높거나 가장 낮은 것은 제외하고 중간 수준인 상품을 가입하게 될 것이다. 각각의 상품과 관련된 정확한 판단을 내리는 것 자체가 거의 불가능에 가까워 타협효과 나타나기 때문이다.

소비자들은 매순간 자신의 결정을 합리화할 수 있는 가장 확실한 근거가 뒷받침되는 선택을 한다. 다양한 연구를 통해 입증된 것처럼 가격이 서로 다른 선택을 해야 할 경우 사람들이 자신의 결정을 합리화할 수 있는 가장 확실한 근거는 양극단이 아닌 중간 수준이라고 한다. 그러나 자기 스스로 자신의 결정을 합리화할 수 있다고 해서 그 선택이 합리적인 선택으로 탈바꿈할 수 있는 것은 결코 아니다. 그러므로 합리적인 선택, 합리적인 소비자가 되기 위해서는 반드시 타협효과라는 비합리적인 행동을 극복해야만 하는 것이다.

유사한 것끼리는
하나의 범주로 묶는다

범주화 효과

사람들은 자신들을 둘러싸고 있는 다양한 환경 속에서 무수히 많은
정보를 접하게 되는데 이 과정에서 접하게 되는 정보들 중 대부분은
인지과정의 한계로 인해 처리과정에서 대부분 손실된다. 이처럼 대부
분의 정보들이 인지과정에서 손실됨에도 불구하고, 사람들이 비교적
정확한 판단을 할 수 있는 비결은 특징적이고 필요한 몇 가지 정보만
을 선택하여 처리하기 때문이다. 즉, 다양한 환경자극에서 받은 정보
를 축약시키고, 필요한 정보만을 선택하는 과정을 거치기 때문에 가
능하다는 것인데 이를 지칭하는 개념이 바로 '범주화'이다.

비슷한 것끼리 모여라!

자료 : 픽사베이

한편, 소비자행동론에 따르면 선택대안의 형성 과정에서 소비자들은 선택하고자 하는 경쟁제품들을 연관된 브랜드, 제품대안들끼리 하나의 범주로 축약함으로써 의사결정을 단순화하려고 한다. 이러한 소비자들의 움직임을 가리켜 범주화 현상으로 정의하였다. 범주화 현상 역시 맥락효과의 하나라고 할 수 있다.

알바Alba · 허친슨Hutchinson[78]은 범주화가 제품을 상기하는 데 있어 서로 다른 브랜드 간에 함께 기억되는 정도와 관계되기 때문에 소비자들의 의사결정에 영향을 미치게 되며, 같은 선택대안에서 함께 기억되는 브랜드들은 함께 기억되지 않은 브랜드들보다 서로 간의 직접적인 비교를 더 많이 하게 되고, 이러한 과정에서 여러 가지 현상이 발생하게 되는데 이들 중의 하나가 유인효과라고 규정하였다. 결국 유인효과가 소비자들이 의사결정을 가장 편리하게 할 수 있는 선택대안을 형성하는 범주화함으로써 발생한다는 의미이다.

그럼 이제 사례를 통해 범주화 효과에 대해 알아보도록 하자. 범주화 효과를 활용해 선풍적인 인기를 끈 사례는 적지 않지만, 그 중에서 빼놓을 수 없는 사례 가운데 하나로 지금도 꾸준하게 소비자들의 사랑을 받고 있는 식혜를 들 수 있다. 그 이유는 식혜가 전통음료 가운데 하나인 단일 제품에 머무르지 않고 전통음료 시장으로의 확대 즉, 범주화에 성공한 경우이기 때문이다.

지금이야 식혜가 청량음료시장에 당당히 맞서 소비자들의 갈증을 해소해주는 음료로 확실하게 자리매김했지만, 처음 식혜가 청량음료시장에 진출했을 때만 해도 지금과 같은 확고한 위치를 점유하게 될 것이라고 예상한 사람들은 많지 않았다. 그런데 막상 전통적인 음료로만 치부되어 오던 식혜를 청량음료를 대체할 수 있는 건강한 음료로 시장에 내보이면서 상당한 반향을 불러 모으게 되었다. 이를 본 경쟁업체들 역시 앞다퉈 식혜나 비슷한 성격을 갖고 있는 전통음료예를 들어, 수정과나 미숫가루를 출시함으로써 전통음료라는 하나의 범주로 자리잡게 된 것이다. 현재는 매실음료, 감식초, 마시는 홍초, 석류음료, 복분자 음료 등등 다양한 전통음료들이 추가되면서 보다 강력한 범주화 효과가 발휘되고 있는 상황이다.

그렇다면 범주화 효과로 인해 새롭게 시장에 진입한 모든 전통음료가 성공적이었을까? 그렇지는 않다. 기존의 연구에 따르면, 최초로 시장에 진입한 식혜가 가장 큰 성공을 거두는 것이 정상적이기 때문이다. 물론 실제로도 처음 출시된 식혜가 범주화 효과의 가장 큰 수혜를 입은 것으로 나타났다. 범주화 효과로 인해 다른 브랜드가 새로 전통음료 시장에 진입하면, 소비자들이 새로운 전통음료 브랜드와 종전의 브랜드를 같은 범주로 인식하게 되고 그에 따라 대표브랜드의 음료 매출이 증대하기 때문이다.

시장에서 범주화 효과가 나타난다는 것은 곧 어떤 트렌드에 힘입어 시장이 크게 확장되고 있다는 것을 의미한다. 이런 상황이라면 초기에 먼저 진입하는 브랜드가 상당한 우위를 점할 가능성이 높고 후발진입 브랜드 입장에서는 이미 시장을 선점한 브랜드에 고전하게 되는 경우가 보통이다. 그러므로 어떤 의사결정에 앞서 특정한 트렌드가 형성되고 있고 그에 따라 시장이 크게 확대되고 있는 경우라면, 시장에 후발주자로 참여하는 것인지 아니면 초기에 개척주자로 참여하는 것인지를 꼼꼼하게 따져 보아야 한다. 다음에 시장 혹은 마트에 들러 쇼핑을 한 후 당신이 구매한 상품의 리스트를 살펴보라. 아마도 범주화 효과를 발견할 수 있을 것이다.

왜 눈앞에 보이는 것보다 눈에 보이지 않는 배경에 더 주목하는가?

후광효과

김동연·정재권 등[79]은 개인의 용모, 가문, 재력, 학력, 직업권력 등의 요인에 의해 작용하는 후광효과Halo Effect의 원천을 후광이라고 정의하였다. 그러므로 후광효과는 후광으로 인한 효과로 간략하게 정의할 수도 있겠다. 하지만 보다 정확한 의미에서의 후광효과에 대한 정의를 살펴보면, 후광효과란 보통 어떤 사람이나 상품을 평가할 때 고유한 특징으로 인해 그 사람 혹은 상품에 대한 평가 자체가 달라지는 효과를 의미한다.

후광효과 역시 맥락효과의 하나로 볼 수 있는데 학계에서 연구를 통해 정의한 후광효과를 살펴보자. 해럴Harrell[80]은 '소비자가 어떤 제품에 대한 전반적 이미지 자체가 호의적인 경우, 그 제품의 특정 부분에 대해서도 호의적인 태도를 가지는 것'이라고 후광효과를 정의하였다. 한편 호킨스Hawkins 등[81]은 소비자의 구매의사 결정과정에서 발생하는 후광효과에 주목한 후, 브랜드 네임이나 기업의 명성이 소비자의 행동에 미치는 영향을 후광효과라고 정의하였다. 이학식 등[82]은 소비자들이 제품을 평가하는 경우 상표 이미지, 국가 이미지 등 제품과 관련된 일부 특성에 기초해 형성된 인상이, 직접적인 관련이 없는 다른 자극들의 해석에도 영향을 미치는 효과라고 정의하기도 하였다.

후광효과는 다양하게 발휘된다. 우선 소비와 연결되는 후광효과를 들 수 있다. 우리 주변에서 과자나 빵 혹은 껌이나 사탕 등을 구입할 때 아동들은 종종 캐릭터 스티커가 있는 제품을 구입하는 경우가 많다. 이들 중 상당수는 제품 자체보다는 스티커가 해당 제품을 구입하는 주요 동기가 되는 것이 사실이다. 스티커 때문에 특정 제품을 구입한다는 사실은 학계의 연구를 통해서도 이미 입증된 바 있다. 소비심리 연구에 따르면, 캐릭터의 친근하고 유머러스한 표현이 소비자의 호응과 공감을 얻을 수 있고, 이러한 호응과 공감이 캐릭터를 사용하는 제품에도 호의적인 태도로 연결되어 긍정적인 이미지를 갖게 해준다고 한다. 또한 아동 소비자와 청소년 소비자의 수채물감 구입동기 가운데 '캐릭터가 좋아서'가 제품 구입동기 중에서 중요한 요인임을 입증하였다.

다음으로 기업 이미지에도 후광효과가 작용한다. 삼성이라는 이

초일류 반도체 회사의 이미지가 더해진 삼성전자의 가전제품

자료 : 삼성전자 홈페이지

름 자체가 초일류기업, 최첨단 기업이라는 이미지가 강하기 때문에, 삼성에서 생산하는 제품은 첨단제품이라는 이미지가 형성되어 있는 것이 대표적이다. 실제로 기업이 특정 분야에 최고의 경쟁력을 갖고 있는 경우 다른 분야에서도 그에 따른 후광효과가 작용한다. 또한 소비자들이 어떤 제품에 대한 구매결정을 내리는 데 있어 중요한 요인 가운데 제품의 특성보다 그 제품을 생산한 기업의 이미지가 더 중요한 요인이 되기도 한다. 더 나아가 소비자들은 종종 사회지향적 기업이 생산하는 제품을 보다 더 선호하기 때문에, 기업의 사회적 투자가 그 기업에 후광효과를 가져다주는 경우가 비일비재하다.

국가 간에도 후광효과가 작용한다. 특히, 선진국이나 개발도상국 그리고 후진국에서 생산하는 제품과 관련될 경우 더더욱 그렇다. 과거 미국산 혹은 일본산 제품에 대한 이미지가 매우 좋던 시절, 미국

산 혹은 일본산 제품이라고 하면 무조건 비싸지만 품질은 좋은 제품으로 인식하던 것도 바로 후광효과에서 그 원인을 찾을 수 있다. 이러한 후광효과를 시프만Schiffman · 레슬리Leslie[83]는 "특정 제품에 대한 경험이나 정보가 거의 없을 경우, 제조국 이미지가 후광효과의 원천으로 작용함으로써 소비자가 제품에 대한 다른 정보를 탐색하기 앞서 어떤 결론을 도출하게 한다"고 설명하였다. 제조국 간에 상이한 제조국 이미지가 있다는 사실을 확인한 후 구매과정에 제조국이 어디냐에 따라 후광효과가 나타난다는 점이 입증되었다.

정치에도 후광효과가 작용한다. 미국의 케네디 가문이나 부시 가문의 경우에서 볼 수 있는 것처럼, 부친 혹은 조부가 정치인으로 크게 성공한 경우 정치인 집안이라는 배경이 정치에 입문하는 자손에게 후광효과를 가져다주는 경우가 비일비재하다. 또한 국민들에게 적지 않은 영향력을 발휘하는 정치인이 선거 때 선거지원을 할 경우 지지 계층이 증가하는 현상 역시 후광효과로 설명할 수 있다. 정치 분야에 작용하는 후광효과는 비단 우리나라에만 그치는 현상은 아니다. 적어도 정치 분야에서만큼은 후광효과의 동서양 구분이 무의미할 만큼 광범위하게 영향을 미치고 있기 때문이다.

대통령 선거나 국회의원 선거 때마다 어김없이 나타나는 후광효과가 다음 선거에는 어떤 형태로 얼마나 선거에 영향을 주게 될지 벌써부터 궁금해진다. 안타깝기는 하지만 지연, 학연, 혈연 등 다양한 인연관계가 사회생활에 밀접하게 연결되고 있는 것이 우리나라의 현실이다. 아니 좀 더 직설적으로 표현하면 우리나라에서 후광효과는 종종 성공을 위한 든든한 버팀목이 되기까지 한다. 정치는 이런 현실을 보다 극명하게 보여주고 있을 뿐이다. 어떤 형태로 어느 정도의 영향을 주는지와 관계없이 분명 후광효과는 비합리적인 경우인 것만큼은 확실하다. 그러나 지금 이 순간 왠지 필자는 후광효과가 정말 부럽다. 혹시 당신도 그런가? 아니면 이미 후광효과의 영향력 하에 있어 별로 부럽지 않은가? 그렇다면 그대가 부럽소이다!

왜 사람들은 처음과 마지막에 큰 영향을 받게 되는 것일까?

초두효과와 최신효과

사람들은 반대한 양의 정보들을 뇌라는 고유한 기억저장공간에 저장한 후 필요에 따라 저장된 정보들을 다시 기억해내 활용하게 된다. 그런데 사람들의 뇌 속에 저장된 정보들은 저장되는 순서에 따라 얼마나 잘 기억해낼 수 있는지가 결정되는 경우가 많다. 특히, 가장 먼저 저장된 정보나 가장 마지막에 저장된 정보를 중간에 저장된 정보들에 비해, 보다 더 잘 기억해내는 경우가 보편적인데 이러한 현상을 가리켜 심리학에서는 초두효과primacy effect와 최신효과recency effect라고 한다. 다시 말해 초두효과란 제시되는 일련의 정보들 가운데 가장 처음에 제시된 정보를 더 잘 기억해내는 효과를 말한다. 한편 최신효과란 제시되는 일련의 정보들 가운데 가장 나중에 제시된 정보를 다른 정보에 비해 더 잘 기억해내는 효과라고 정의할 수 있다.

초두효과

초두효과란 제시되는 일련의 정보들 가운데 가장 처음에 제시된 정보를 더 잘 기억해내는 현상을 말한다. 알바Alba 등[84]은 처음에 제시되는 정보가 소비자의 판단을 위한 논리적 근거 역할을 하기 때문에 초두효과가 발생한다고 하였다. 한편 카너먼·트버스키는 일단 평가를 위한 논리적 근거가 정해지면 비록 후속 정보에 의해 다소 영향을 받기는 하지만 정해진 논리적 근거에 편중된 최종적인 평가를 내리는 경향이 있기 때문에 초두효과가 발생한다고 하였다. 또한 캘리포니아 대학교의 명예교수인 앤더슨Anderson은 일련의 정보가 제시되는 상황에서 사람들은 처음에 제시되는 정보에 가장 많은 주의를 집중시키는 데 비해, 뒤로 가면 갈수록 정보에 대한 집중력이 떨어지게 된다는 주의감소이론으로 초두효과를 설명하기도 했다.

최신효과

최신효과란 제시되는 일련의 정보들 가운데 가장 나중에 제시된 정보를 다른 정보에 비해 더 잘 기억해내는 현상이다. 최신효과는 과거 뇌라는 기억저장장치 속에 저장한 정보의 가치가 떨어지면 떨어질수록 그리고 최근에 저장된 정보의 가치가 높으면 높을수록 더 크게 작용하게 된다. 템플대학교의 심리학 교수였던 로버트 라나Robert Lana는 메시지 내용이 얼마나 친숙한 것이냐에 따라 초두효과와 최신효과가 나타난다고 하였는데 특히, 친숙한 내용의 메시지인 경우 초두효과가, 낯선 메시지인 경우에는 후미효과가 나타난다고 하였다.

한편 라나Lana는 메시지 내용에 대한 관심이 높고 보다 논쟁적일수록 초두효과가 그 반대일 경우에는 후미효과최신효과가 나타난다고 주장하였다. 이들은 메시지의 정교화 범위를 개인적 관련성 수준의 고저로 설정한 후 조정변수로 활용하였다. 연구결과 높은 정교화 수준에서는 초기 메시지가 두 번째 메시지보다 최종판단에 더 영향을 미치는 초두효과가 나타났다. 한편 낮은 정교화 수준에서는 두 번째 메시지가 최종판단에 더 큰 영향을 미치는 최신효과가 나타남을 확인하였다. 다시 말해, 동일한 주제를 대상으로 메시지의 제시순서를 변화시키면 그 메시지와의 개인적 관련성 정도가 정교화 범위를 결정하는 한편, 정교화 범위는 조정변수가 됨으로써 초두효과 또는 최신효과가 발생한다는 뜻이다.

박현수·안보섭 등[85]은 지상파 광고 1만 8천 521개전 CM 9천 903개, 후 CM 7천 441개, 스포트 광고 1천 177개의 위치에 따른 시청률을 초 단위로 조사한 결과를 통해 최신효과를 입증했다. 이에 따르면, 20세 이상의 남녀 모두에서 후 CM, 스포트, 전 CM의 순서로 시청률이 높은 것으로 나타났다. 이 같은 시청률 차이는 통계적으로도 지지되는 것으로 나타났는데, 이런 결과는 지상파 광고에서 최신효과가 강력하게 작용하고 있음을 보여주는 것이라고 할 수 있다.

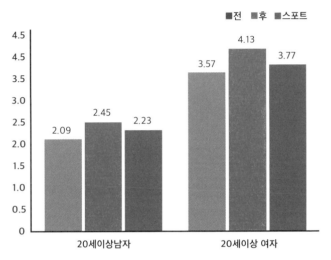

지상파 전CM, 후CM 스포트 광고 시청률 비교

단위 : %

■전 ■후 ■스포트

자료 : 재인용 광고정보 2007. 7, p 63

소비자의 하나로 사람들은 경제생활을 영위하면서 크고 작은 초
두효과 및 최신효과와의 사투를 벌이게 된다. 물론 합리적 소비를 위
한 사투라고 생각하고 싶지만 실상은 전혀 그렇지 않다. 때로는 초두
효과와 최신효과를 따라가고자 하는 욕심을 이성이 제어하는 경우도
적지 않기 때문이다. 초두효과의 전형적인 오류에 해당되는 것은 사
람에 대한 첫 인상, 제품에 대한 첫 인상에 이끌려 얼마나 많은 잘못된
선택을 하는 점이다. 한편, 최신효과에 전형적인 오류에 해당되는것은
가장 최근의 강렬하고 잘못된 정보에 이끌려 그릇된 투자의사결정을
함으로써 큰돈을 날려버리는 일이다. 투자자들이 존재하는 이상 사람

들은 영원히 초두효과, 최신효과와의 전쟁을 벌여 나가야 할 것이다.

EFFECT **39**

틀린 것이라도 남들이
옳다고 하면 옳다고
받아들인다

아쉬 효과

아쉬 효과Asch Effect 란 객관적으로 틀린 것이 분명함에도 불구하고 주변에 있는 사람들 다수가 맞다고 주장하게 되면, 주변 사람들의 의견에 휘둘려 덩달아 자신의 견해를 주변 사람들의 주장에 맞춰 틀린 것을 옳다고 하는 현상으로 미국의 아쉬 교수가 연구[86]를 통해 이를 입증함으로써 명명된 효과를 말한다. 솔로몬 아쉬Solomon Asch 교수는 개인의 가치판단이 타인에 의해 얼마나 영향을 받게 되는지를 알아보기 위하여 선분 길이 비교 과제를 사용한 실험을 하였다.

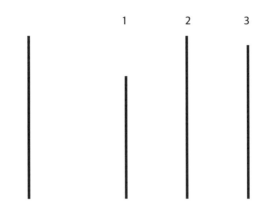

실험에는 7~9명의 대학생이 참가했는데 실험참가자들은 시각 판단 실험에 임하고 있다는 설명과 함께, 위 그림에서 보는 바와 같이 기준 선분과 길이가 같은 것을 비교 선분들 중에서 찾아보라는 질문을 받았다. 정답은 누가 보아도 확실하게 가운데 선분임을 알 수 있다. 그런데 7~9명의 실험참가자 중 마지막 사람을 제외한 나머지 8명혹은 6명은 실험협조자였고, 대답순서가 8번째6번째인 사람만이 진짜 실험참가자였다. 실험이 시작되자 차례대로 앞 순서에 위치하고 있던 7명의 실험협조자들은 비교 선분 중 첫 번째 것이라고 일치되게 틀린 대답을 했다. 이와 같은 상황이 12번 반복되었다.

과연 실험결과는 어떻게 되었을까? 놀랍게도 실험참가자들의 전체 반응 중 실험협조자였던 집단 내의 사람들과 일치되게 틀린 답을 따라한 비율은 33%에 달하는 것으로 나타났다. 또한 12번의 시행 중

최소한 한 번 이상 실험협조자였던 집단 내의 사람들에 동조해 틀린 대답에 동조한 실험참가자들은 74%에 달하는 것으로 분석되었다. 위에서 이미 언급한 것처럼, 이 실험에서 정답은 너무나 확실하고 명확했다. 따라서 누군가의 부탁이나 압력이 있지 않았음에도 불구하고, 틀린 답을 따라했다는 것은 주변 사람들이 모두 동일한 의견이나 행동을 취하고 있을 때, 자기 혼자만 다수의 의견이나 행동에 배치되는 자세를 취함으로써 왕따가 되는 것을 두려워한 결과라고 할 수 있다. 즉, 심리적 요인이 틀린 답에 대한 동조를 하도록 만든 주요한 원인이 된 것이다.

아쉬의 실험을 통해서 확인할 수 있는 것은 개인의 가치판단이 자기 자신이 갖고 있는 기준뿐만 아니라 주변 환경에도 적지 않은 영향을 받는다는 점이다. 아쉬의 연구는 군중심리를 설명하는 논리적 근거가 될 수 있다. 다수가 옳다고 여기게 될 경우 아무 생각 없이 혹은 '다수의 의견이 옳다면 그것이 옳은 것'이라는 방향으로 합리화를 하면서 다수의 의견을 맹목적으로 추종하는 경우를 우리는 얼마나 많이 경험하고 있는가!

2009년에 맥카페가 야심차게 진행했던 '실험편' 광고가 있었다. 아쉬 효과를 보여주는 것이었는데, 이 광고에서는 7명의 실험 참가자들에게 눈 앞에서 똑같은 커피를 각각 2,000원과 4,000원의 가격표가 붙어 있는 컵에 따르는 모습을 보여주면서, 어떤 커피를 마실 것인지를 물어보았다. 당연히 가격이 저렴한 2,000원짜리 커피를 선택했을 것이라고 생각하기 쉽지만, 결과는 의외로 7명 모두 4,000원짜리 커피를 선택했다. 어떻게 이런 일이 발생했을까?

그 이유는 실험참가자의 구성에 있었다. 먼저 4,000원짜리 커피를 선택한 6명은 사전에 약속된 연기자였고, 일곱 번째 실험참가자만 순수한 실험참가자였다. 즉, 약속된 6명의 연기자들이 4,000원짜리 커피를 선택하자, 마지막 실험참가자도 어이없어 하면서도 4,000원짜리 커피를 선택했던 것이다. 광고는 이런 모습을 보여준 후 이어서 이런 문구를 노출했다.

'인간은 상황에 지배를 받는다.'

'당신의 커피 선택도 이렇지 않았나요?',

'커피도 스마트 초이스 하세요. 맥도날드 맥카페'

전형적인 아쉬 효과가 작동한 사례라고 볼 수 있다.

적극적이냐 소극적이냐를 단지 성격의 문제로 치부해버리면 안 되는 이유

자기조절초점

소비자들이 소비목적을 수립하고, 이를 촉진하는 데 필요한 행동전략들을 선정이나 실행하고 이들의 진행상황을 평가하는 데 이용하는 중요한 행동통제의 도구를 자아조절이라고 한다. 히긴스Higgins 등[87]은 사람들이 단순히 쾌락을 추구하고 고통을 회피하는 것이 아니며, 특정한 전략을 통해 쾌락추구와 고통회피를 스스로 조절한다는 자기조절초점self regulatory focus 이론을 주장하였다. 이는 사람의 동기를 쾌락주의 즉, '쾌락은 추구하되 고통은 회피한다.'는 것에서 찾았던 종전의 이론과 차이가 있다.

자기조절초점 이론에 따르면, 소비자의 성향은 방어적 성향Prevention Focus과 촉진적 성향Promotion Focus으로 분류된다. 여준상 · 송환웅[88]에 따르면, 촉진에 초점을 맞추는 개인은 목표를 성취하기 위해 열망–접근수단eagerness-approach means을 사용하고, 새로운 것이나 변화를 잘 받아들이며 위험도 기꺼이 감수하려는 모습을 보이게 된다이런 사람들은 향상동기를 가진 사람들이다. 반면, 방어에 초점을 맞추는 개인은 경계–회피수단vigilance-avoidance means을 사용하려고 하기 때문에, 새로운 변화를 피하려 하고 위험을 감수하는 선택을 꺼리며 기존의 것을 고수하려는 모습을 보인다고 하였다이런 사람들은 예방동기를 가진 사람들이다.

그렇다면, 향상동기와 예방동기는 어떻게 형성될까? 사람들은 보통 어떤 목표를 추구해나가는 과정에서 자기 자신을 목표에 일치시키기 위해 스스로를 조절해나가는 과정이 꼭 필요하다. 히긴스[89]는 자기 자신을 스스로 조절하는 과정에서 각 개인별로 차이가 있으며 이는 향상동기와 예방동기로 구분된다고 하였다. 이 두 가지 성향은 사회화과정을 거치면서 형성된다. 사회화 과정에서 이상의 성취에 집중할 경우 향상지향 조절초점이 형성됨으로써, 이상이나 열망, 희망 등을 추구하는 이른바 긍정적인 결과를 지향하는 행동전략을 선호하게 된다. 반면, 사회화 과정에서 책임을 다하는 데 집중할 경우에는 예방지향 조절초점을 형성하게 됨으로써 의무, 책임감 등을 추구하는 이른바 부정적인 결과에서 벗어나고자 하는 행동전략을 선호하게 된다고 한다.

일반적으로 향상동기를 가진 사람들 즉, 촉진에 초점을 맞추는 사람들인 경우, 목표에 대한 성취, 향상, 열망과 같은 욕구가 있고 새로운 상황에 대한 도전적인 의식이 강하다. 이는 향상동기를 가진 사람들일수록 긍정적 성과의 달성에 초점을 맞춘다는 것을 의미한다. 이런 이유로 향상동기를 가지고 있는 사람들의 경우 목표로 하는 결과물의 성취를 위해서는 언제든지 위험을 추구하는risk taking 경향을 보인다.

대조적으로 예방동기를 가진 사람들 즉, 방어에 초점을 맞추는 사람들은 안전이나 보호, 방어와 같은 욕구가 강하고 새로운 상황에 대한 도전에 소극적이거나 가능한 회피하려고 한다. 이는 예방동기를 가진 사람들일수록 위험이나 손실의 회피에 초점을 맞춘다는 것을 의미한다. 이런 이유로 예방동기를 가지고 있는 사람들은 위험을 회피risk avoiding하는 경향을 보인다.

주Zhou · 팜Pham 등[90]은 예방동기를 지닌 사람들은 향상동기를 지닌 사람들에 비해 보다 덜 위험하고 안정적인 선택을 한다고 하였다. 히긴스[91]는 위험에 대한 성향의 차이가 나타나는 이유로 향상적 자기조절 시스템이냐 아니면 예방적 자기조절 시스템이냐에 따라 이익이나 손실을 다르게 인식하기 때문이라고 설명하였다. 다시 말해, 향상적 자기조절 시스템향상동기을 가지고 있는 사람들은 긍정적인 결과에 집중하여 상대적으로 위험한 대안을 선호하는 반면, 예방적 자기조절 시스템예방동기을 가지고 있는 사람들은 불만족스럽거나 원하지 않는 결과나 상태를 예방하기 위해 현재 상태를 유지하는 것을 선호하기 때문에 위험에 대처하는 성향이 다르다는 것이다.

예방동기를 갖고 있느냐 아니면 향상동기를 갖고 있느냐가 중요한 이유는 어떤 동기를 갖고 있는 소비자인가에 따라 소비행태에 차이가 발생한다는 점에서 찾을 수 있다. 김경미·류강석[92]은 연구를 통해 향상초점 소비자들일수록 다소 모험적이고 위험 추구적인 성향을 나타내게 되고, 보수적이며 위험회피를 추구하는 예방초점 소비자들에 비해 보다 더 성공에 따른 성과는 크지만 불확실성과 위험도 더 큰 대안을 선호한다는 사실을 입증하였다 물론, 예방초점을 갖고 있는 소비자일수록 성공에 따른 성과가 작아도 확실한 대안을 추구하며 이를 자신의 가치에 더 적합하다고 지각하게 된다.

이런 차이는 나준희[93]의 소비자에 대한 기업의 보상 프로그램 관련 연구에서도 증명되었다. 연구결과 향상초점 성향의 소비자들일수록 보상내용은 적고 실행확률이 높은 보상에 비해 보상내용이 많고 실행확률은 낮은 보상을 보다 긍정적으로 평가한다. 반면, 예방초점 성향의 소비자일수록 보상내용은 많고 실행확률이 낮은 보상에 비해 보상내용이 적고 실행확률은 높은 보상을 더욱 긍정적으로 평가하는 것으로 나타났기 때문이다.

브랜드에 대한 선호에 있어서도 어떤 동기를 갖느냐에 따라 서로 다른 행태를 보이게 된다. 리베르만Liberman 등[94]은 향상초점 성향의 소비자들일수록 자기의 열망을 추구하고 발전시키기 위한 수단으로 늘 새로운 제품이나 브랜드를 찾고 전환하려는 성향이 강하다는 것을 입증하였고, 체르네프Chernev[95]는 예방초점 성향이 강한 소비자

무배당
트리플 건강보험

보장성 상품

자료 : AIA생명

일수록 기존의 제품이나 브랜드를 고수하려는 경향이 강하다는 것을 입증하였다.

자기조절 초점효과는 많은 시사점을 제공하는 현상이다. 예를 들어 위의 보험광고를 보자. 한눈에 보장성 성격이 강하다는 것을 확인할 수 있다. 건강보험광고이기 때문이다. 건강보험은 현재 상태의 건강유지를 희망하는 즉, 건강으로 인해 현재 누리고 있는 삶이 흔들리기 원하지 않는 예방초점 성향의 소비자들에게 효과적일 가능성이 높다.

그렇다면 저축보험광고는 어떨까? 저축보험은 보다 나은 미래를 준비하기 위한 것이다. 그렇기 때문에 저축보험은 예방초점이라기보다는 향상초점에 포커스를 맞추고 있는 상품이라고 할 수 있다. 이

마이달러 저축보험 광고

자료 : AIA생명

런 이유로 저축보험은 향상초점 성향의 소비자들에게 보다 큰 효과를 발휘할 수 있는 상품이라고 보는 것이 타당하다.

요약하면 동일한 보험회사가 판매하는 상품이라고 할지라도 소비자가 예방초점 성향인지 아니면 향상초점 성향인지에 따라 각각의 보험상품 판매실적에 큰 차이가 나타날 수 있다는 의미가 된다.

당신은 어떤 성향을 갖고 있는가? 건강보험 VS 저축보험 가운데 어느 쪽이 더 매력적으로 보이는가? 다음을 통해 재미삼아 어느 쪽에 속하는지 한 번 분석해보도록 하자.

향상초점	예방초점
1. 원하는 것을 잘 성취한다. 2. 새로운 시도를 잘한다. 3. 내 인생은 성공적으로 진행되어왔다. 4. 다양한 활동에 열정과 취미를 느낀다. 5. 성취 이후 또 다른 성취를 위해 더욱 노력한다.	1. 선생님 뜻에 반하는 행동을 거의 안한다. 2. 선생님을 화나게 한 적이 거의 없다. 3. 어른들이 정한 규칙을 어긴 적이 별로 없다. 4. 충동적으로 일을 시작한 경험이 거의 없다. 5. 부주의로 인한 문제를 경험한 적이 거의 없다.

왜 미래의 큰 이익보다 당장의 조그만 이익에 더 반응할까?

근시안적 의사결정

사람들은 종종 당장의 조그만 이익을 위해 미래의 큰 이익을 포기하고 한다. 당장의 이익에만 초점을 맞춘 의사결정을 하기 때문에 발생하는 현상이다. 실제로 사람들은 미래의 이익을 경시한 채 지금 당장의 이익에만 초점을 맞추거나 숲을 보기보다 나무를 보는 오류를 범함으로써, 일부에만 지나치게 초점을 맞춰 궁극적인 결과물을 다 잃게 되기도 한다.

안경이 근시안적 의사결정에 도움이 될까?

자료 : 픽사베이

시Hsee 등[96]에 따르면, 사람들이 어떤 성과물을 성취하기 위한 과정은 노력effort 중간 보상medium 성과물outcomes로 이루어지게 되는데, 이때 중간보상은 최종 성과물이 아니라 최종 성과물을 달성하기 위한 수단적 요소이다. 그런데 사람들은 최종 성과물을 극대화하려 하기보다는 당장의 성과물이라고 할 수 있는 중간보상에 초점을 맞추게 됨으로써 본래 의도한 성과물을 달성하지 못하게 된다. 근시안적 의사결정이 본래의 성과물의 성취를 막는 것이다.

근시안적 의사결정은 누구나 범하기 쉬운 비합리적 의사결정 가운데 하나라고 할 수 있다. 근본적으로 미래에 대한 불확실성이 존재하는 경제현실 속에서 그 누구도 불확실성에서 자유로울 수 없기 때문이다. 이는 수많은 연구들이 한결같이 사람들은 먼 미래의 보상보다 가까운 미래의 보상에 대하여 더 높은 가치를 둔다는 점을 강조하고 있다. 그만큼 사람들은 자체에 내재되어 있는 불확실성을 회피하고 싶어 한다.

이처럼 사람들이 근시안적 의사결정의 덫에 잘 빠지는 경향이 있기 때문에 이를 극복하기 위한 다양한 방안들이 제시되어 왔다. 그 중 하나가 최근에는 그 빛을 잃어버렸지만 한때 기업의 보상수단으로 각광받던 스톡옵션을 들 수 있다. 스톡옵션은 분명 경영자가 기업가치 극대화에 기여한 경우 부여하는 장기적 보상수단이다. 그런데 우리가 이미 살펴본 것처럼 사람들은 최종 성과물보다 지금 당장의 성과물을 더 선호하는 경향을 보이는데, 장기적 보상수단인 스톡옵션이 어떻게 대세였던 시절이 있었을까? 아주 간단하다. 바로 근시안적 의사결정을 훌쩍 뛰어넘을 수 있을 정도로 엄청난 보상의 제공이 가능하다는 점 때문이다. 그러나 역설적으로 근시안적 의사결정을 예방하고 장기적 보상수단이라는 한계를 극복하기 위해 제시했던 스톡옵션이 오히려 발목을 잡아 보상수단에서 거의 사라져 버렸다.

분명 스톡옵션은 경영자를 위한 장기적 보상수단이다. 그러나 기업들이 스톡옵션 제도를 폐지하거나 줄이는 상황은 장기적 보상수단인 스톡옵션이 단기적 보상수단으로 전락했음을 보여주는 것이다. 이는 기업이 스톡옵션을 도입한 취지와 정면으로 배치된다. 경영자의 경영성과에 대한 보상수단으로 스톡옵션을 활용하는 이유는, 경영자로 하여금 가치경영을 실천할 수 있도록 동기를 부여하고 대리문제agency problem로 야기되는 정보비대칭information asymmetry의 문제를 해결하기 위해서다.

좀 더 쉽게 표현하면, 전문경영인이 탁월한 경영 노하우를 발휘해 기업가치 극대화에 성공할 경우, 그에 상응하는 보상의 지불수단이 바로 스톡옵션이다. 그런데 이때 단기적인 경영성과가 훌륭하다고 해서 스톡옵션을 부여하는 것이 아니라 장기적인 관점에서 꾸준히 양호한 경영성과를 기록한 경우, 스톡옵션을 부여하는 형태로 운용되는 것이 보편적이라는 의미이다. 기업은 스톡옵션 제도를 통해 기업가치와 경영자의 보상을 장기적 관점에서 일치시켜 전문경영인으로 하여금 보다 기업가치 극대화에 노력할 수 있는 유인을 제공한다. 한편 전문경영인은 기업가치 극대화에 기여함으로써, 그에 상응하는 스톡옵션 행사 권한을 취득함으로써, 경제적 부를 축적할 수 있어 이론적으로 서로에게 도움이 되는 보상수단이라고 할 수 있다. 이러함에도 불구하고 스톡옵션이 오히려 근시안적 보상수단으로 전락하고 말았으니 폐지하는 것이 지극히 당연한 결과라고 할 수 있다.

단기 매출실적에 급급해 브랜드 자산의 가치를 훼손하는 행태 역시 기업이 종종 범하게 되는 전형적인 근시안적 의사결정 가운데 하나라고 할 수 있다. 실제로 과거 실적악화로 위기를 겪던 스타벅스 매장에서 커피와 전혀 관계 없는 테디베어를 판매한 적이 있었다. 이를 가리켜 스타벅스의 CEO 하워드 슐츠는 브랜드 자산의 가치를 훼손하는 근시안적 의사결정이었다고 지적하기도 하였다.

한편, 경제정책 집행에 대한 국민들의 반응에도 근시안적 의사결정현상을 어렵지 않게 발견할 수 있다(물론 이 경우는 바람직한 경우로 볼 여지도 충분하다). 예를 들어, 정부가 국채를 발행한 경우를 생각해보자. 보통 주어진 기간 내에서 정부의 지출은 일정하다. 따라서 안정적인 조세수입의 확보는 필연적이다. 그러나 경기상황이 여의치 않을 경우 종종 경기진작을 위한 세금감면 정책을 도입하게 되고, 이때 정부는 부족한 세수를 국채발행을 통해 조달하곤 한다.

그런데 국채발행은 경제의 실질변수에는 영향을 미치지 못한다. 정부지출이 일정한 상태라면 재원조달방식이 바뀐다고 해서 민간부문의 경제활동에는 영향을 미치지 못하기 때문이다. 그 이유는 합리적인 국민들이라면 조세감면과 이에 따른 국채발행은 곧 미래의 세금증가라는 사실을 인식하게 되고, 이에 대비하기 위해 저축을 늘리게 됨으로써 민간 부문의 소비가 증가하기 때문이다.

그러나 이는 어디까지나 사람들이 근시안적 의사결정이라는 비합리성을 극복한 경우에나 가능한 일이다. 현실에서 사람들이 근시안적으로 사고를 하기 때문에 당장 국채가 발행되더라도 미래에 세금이 증가한다는 사실을 인식하지 못하게 된다. 이에 따라 조세감면 정책이 시행되면 조세감면에 따라 발생한 가처분소득의 증가가 소비증가로 이어지게 되고 경기가 활성화되는 현상이 나타나게 된다.

물 한 방울이 큰 강을 만드는 효과를 부른다

마중물 효과

과거 수도가 보편화되기 이전 마을에는 공동생활용수를 우물을 통해 생활용수를 조달하는 가정도 많았고, 또한 각 가정별로 별도도 조그만 펌프를 설치하고 이를 활용해 생활용수를 조달하기도 했다. 그런데 우물이야 그럴 필요 없었지만 가정에 설치된 펌프로 물을 끌어올리기 위해서는 한 바가지 정도의 물이 필요했다. 이 한 바가지의 물을 먼저 펌프에 넣고 난 후 펌프질을 하면 우물에서 필요한 물을 마음껏 끌어올려 사용할 수 있었다. 여기서 펌프에서 물이 나오게끔 도움을 주는 한 바가지의 물이 마중물이다. 그리고 마중물로 인해 필요한 물

한 방울의 물이 큰 우물이 된다

을 충분히 사용할 수 있도록 해주는 효과를 가리켜 마중물 효과Pump Effect, 혹은 유수효과 라고 한다.

마중물 효과는 다양한 분야에서 각각 다른 형태로 정의될 수 있다. 우선 사회사업활동을 들 수 있다. 가정형편이 어려운 학생들을 대상으로 하는 장학사업을 하는 비영리재단이 있다고 하자. 장학재단에서 가정형편이 어려운 학생들에게 지급하는 장학금은 비록 그 금액이 엄청나게 크다고 할 수는 없지만, 장학금을 받게 되는 학생들에게는 큰 힘과 용기가 될 수 있다. 이렇게 장학금을 받고 미래에 대한 커다란 동기부여를 받은 학생들이 성장해 사회 적재적소에 진출해 국가에 이바지하게 된다면, 작은 장학금이 한 바가지의 물의 역할을 한 것이 된다. 전형적인 마중물 효과라고 할 수 있다.

농부나 어부 들의 경제활동에서도 마중물 효과를 찾아볼 수 있다.

최근 들어 부쩍 농부나 어부들이 온라인 판매를 통한 마중물 효과를 경험하는 사례가 급증하고 있다. 내용은 이렇다. 시골에서 농사짓는 농부와 고기잡이를 주업으로 하는 어부들이 짬짬이 시간을 내 인터넷을 배우고 이를 기초로 온라인 판매를 함으로써, 크게 소득이 증가하는 경험을 한 후 이를 다시 주변의 농부, 어부들에게 전파함으로써 전체적인 소득증대 효과를 나누고 있다는 것이다. 어렵지만 시간을 내 인터넷을 배우고 이를 판로개척에 활용했던 1세대 농부와 어부 들이 마중물이 되어 자신들의 성공경험을 주변에 전파함으로써 마중물 효과를 발생시킨 것이다.

기업의 연구개발을 위한 지출 역시 마중물 효과를 발견할 수 있다. 이병기[97]는 연구개발이 기술혁신을 거쳐 생산성 증가를 초래한다고 하였다. 즉, 연구개발→기술혁신→생산성증가 과정에서 연구개발의 증가가 기술혁신을 촉진하는 한편, 기업의 경쟁력을 개선시킨다는 것이다. 기업의 연구개발 지출이 그 기업 내부의 혁신을 가능케 하고 이것이 생산성 증가로 연결되며 결국 시장에서의 경쟁우위를 확보할 수 있도록 해주기 때문이다.

마지막으로 정부의 경제정책에서도 마중물 효과가 발생한다. 경제학에서는 마중물 효과를 '불황을 타개하기 위해 정부가 정부지출을 늘리게 되면 경제 전반에 긍정적 효과를 주고 그 이후로는 추가적인 정부지출이 없이도 경제가 불황을 극복하고 원만하게 유지되는 효과'라고 정의한다. 경기가 불황일 때마다 정부가 나서 정부지출을 늘리는 정책을 발표하는 이유는 바로 마중물 효과가 필요하기 때문인 것이다.

마중물 효과를 보면 매우 바람직한 현상이고 전혀 비합리적이지 않다는 느낌이 들 것이다. 그러나 마중물 효과가 100% 긍정적인 측면으로만 작동하는 것은 아니다. 다시 말해, 긍정적 효과와 함께 부정적 효과도 초래할 수 있다는 의미이다. 장학금을 받은 학생이 열심히 공부하기보다 다시 장학금을 받으면 된다는 식으로 노력을 게을리 한다든지, 농부나 어부 들이 인터넷을 통한 판로개척에만 신경 쓴 나머지 본연의 농업활동을 게을리한다든지, 연구개발 투자에도 불구하고 결실을 맺지 못해 위기를 겪는다든지, 정부지출에도 불구하고 경기가 회복되지 못하는 경우 오히려 부정적인 영향을 주게 된다.

마중물 효과가 부정적인 영향을 미치는 경우는 대부분 힘들이지 않고 거저 얻은 돈 즉, 공돈이 초래한 비합리적 선택을 하는 경우라고 할 수 있다. 즉, 마중물 효과가 제대로 나타난다면 매우 바람직한 것이지만, 마중물 효과를 일으키기 전에 먼저 공짜로 얻은 마중물로 인해 비합리적 선택을 하게 되면 부정적 효과가 발생하게 된다. 이를 가리켜 공돈효과라고 하는데, 1만 원 혹은 몇 만 원의 복권에 당첨된 경우 공돈이라는 생각이 들고 이를 다시 복권의 재구입에 사용하는 경우, 고스톱이나 포커를 할 때 딴 돈을 자기 돈이라고 생각하지 않고 마구잡이로 베팅하는 경우 등이 공돈효과의 가장 전형적인 사례다.

경기부양을 위한 정부정책에서도 마중물 효과가 부정적으로 작용할 수 있다. 예를 들어, 정부가 내수진작 차원에서 노후자가용을 신차로 교체하는 소비자들을 위해 다양한 인센티브를 부여한다고 하자.

이렇게 되면 자동차 판매가 증가할 것이다. 마중물 효과가 나타날 것이기 때문이다. 그러나 노후차량에 대한 지원은 어떤 면에서 보면 자동차 수요자들의 교체시기를 앞당긴 것이기 때문에, 지원중단 이후 자동차 판매감소현상이 나타나는 것이 일반적이다. 마중물 효과가 부정적으로 작용하는 경우라고 할 수 있다.

합리성 혹은 비합리성 문제를 논하기에 앞서 마중물 효과가 긍정적인 방향으로 나타나기 위해서, 마중물이 주어졌을 때 이를 비합리적인 선택으로부터 지켜내는 것이 매우 중요하다. 시작이 반이라는 우리 격언이 있다. 마중물은 긍정적 효과를 주기 위한 반에 해당되는 동시에 최종 목표가 아닌 목표를 달성하기 위한 중요한 과정이라는 점을 간과해서는 안 될 것이다. 매 순간마다 각자에게 주어지는 마중물을 혹시 헛되게 날려버리고 있는 것은 아닌지 진지하게 고민해볼 필요가 있을 것 같다.

사람들은 시간선호에 있어 일관성이 없다!

미래할인 효과

경제학에서 시점 간 선택을 고려할 때, 사용되는 규범적 성격의 모델이 사뮤엘슨에 의해 제안된 할인효용모형Discount Utility Model이다. 할인모형에 따라 미래가치에 대한 할인율을 계산할 경우, 계산 기간이 1달이 되었든, 1년이 되었든 할인율은 일정하다. 즉, 1년을 기준으로 할인율이 20%인 사람이 있다고 가정할 경우, 지금 당장의 효용을 1로 받아들이는 사람은 1년 후 효용 1.2와 동일하게 느끼게 되며 이에 따라 기간과 관계없이 할인율은 동일하게 된다. 예를 들어, 오늘 100만 원과 내일 110만 원 가운데 어느 하나를 선택해야 한다면 당신은 어떤 선택을 할 것인가?

아마도 지금 당장 100만 원을 선택할 것이다. 내일의 110만 원은 오늘의 100만 원에 비해 그 자체로 불확실성이 자리 잡고 있기 때문이다. 그렇다면 이번에는 1달 후에 100만 원과 1달 1일후에 110만 원인 경우라면 어떻게 하겠는가? 만약 오늘 100만 원과 내일의 110만 원 가운데, 오늘의 100만 원을 선택한 경우라면 1달과 1달 1일 사이에서 선택하는 경우 역시 1달 시점에서 100만 원을 선택해야 합리적인 선택이 된다. 왜 그래야 할까? 사뮤엘슨[98]의 할인모형에 따라 시간선호의 일관성이 나타나야 되기 때문이다.

여기서 사뮤엘슨의 할인모형을 살펴보도록 하자. 사뮤엘슨의 할인모형에 따라 미래가치에 대한 할인율을 계산할 경우, 그 계산 기간이 1달이 되었든 아니면 1년이 되었든 할인율은 일정하다. 다시 언급하자면, 1년을 기준으로 할인율이 20%인 사람이 있다고 가정할 경우, 지금 당장의 효용을 1로 받아들이는 사람은 1년 후의 효용 1.2를 동일하게 받아들이게 되며 이에 따라 기간과 관계없이 할인율은 동일하게 된다는 의미이다. 그렇다면 과연 사람들은 할인모형에서 주장한 것과 같이 선택과정에서, 언제나 시점간 동일한 할인율을 적용함으로써 시간선호의 일관성을 보이고 있을까? 답부터 말하자면 결코 그렇지 않다.

뢰벤슈타인Loewenstein · 프렐릭Prelec[99]은 지금 당장 100달러와 내일 110달러 가운데 지금 당장의 100달러를 선택한 사람들이 30일 후 100달러와 31일 후 110달러 가운데 30일 후 100달러를 선택한 사람

예측된 미래가치는 얼마?

들이 거의 없었다는 연구결과를 통해 할인효용모형의 예측과는 정반
대의 현상이 나타남을 입증하였다. 탈러Thaler[100]는 이에 대해 시점 간
의사결정에 있어서 할인율이 다르기 때문에 선호의 불일치가 발생
한다고 하였다. 실제로 그는 오레곤 대학교 학생들을 대상으로 지금
당장 15달러를 받는 대신 각각 1달, 1년, 10년 후 어떤 금액을 받게 될
경우 어느 정도의 금액을 받기 원하는지에 대한 실험을 하였다.

  그 결과 각각의 기간에 대한 평균적으로 기대하는 금액은 각각 20
달러, 50달러, 100달러인 것으로 나타났고, 할인율은 345%, 120%,
19%인 것으로 나타났다. 이 같은 결과는 시점 간 동일한 할인율이 적
용되지 않으며, 기간에 따라 할인율이 변하고 가까운 기간이 상대적
으로 먼 기간과 비교했을 때 더 높은 할인율이 적용된다는 사실을 입
증하는 것이다.

이런 현상이 발생하는 근본적 원인은 크게 두 가지 정도를 들 수 있다. 첫 번째로, 이미 언급한 것처럼 미래에는 언제나 불확실성이 내재되어 있다는 점을 들 수 있다. 지금 당장 가지면 혹시라도 내 것이 되지 못하는 위험에서 자유로워질 수 있겠지만, 이를 미래로 미루게 되면 불확실성이 내재되어 있기 때문에 내 것이 될지 확신할 수 없다. 즉, 가질 수 없는 위험, 자기 자신의 취향이나 선호의 변화에 따른 위험 등을 회피하기 위한 선택이라고 해석할 수 있다.

다음으로 현재 시점에서의 소비를 미래로 이연시킨다는 것은 그 자체로도 손실로 받아들인다는 점을 들 수 있다. 따라서 손실을 회피하기 위해 그 가치를 할인하게 되는데, 이때 할인의 폭은 현재시점에서 갖거나 소비하는 것을 미래로 이연하는 것을 얼마나 손실로 받아들이는가에 따라 달라진다. 이러한 사람들의 반응양식은 상대적으로 현재 시점에서의 가치를 중요하게 고려하는 바이어스(편향)이라고 할 수 있다. 다시 말해 비합리적인 선택인 것이다.

한편, '지금 당장 VS 내일'의 경우에서 '지금 당장'을 선택하는 사람들이 '미래 VS 더 먼 미래'의 경우에서는 왜 더 먼 미래를 선택하게 될까? 예를 들어, '지금 당장' VS '내일' 가운데 '지금 당장'을 선택한 사람들이 '30일 후 100달러'와 '31일 후 110달러'를 선택하도록 한 경우, '30일 후 100달러'가 아닌 '31일 후 110달러'를 선택한 경우는 어떻게 해석해야 하는 것일까? 주류 경제학에 따르면, 이러한 현상은 발생해서는 안 된다. 지금 당장 100달러를 선택한 사람이라면 30일째 100달러를 선택해야 한다. 합리적인 사람이라면 효용이 동일한 선택을 하기 때문이다.

그런데 안타깝게도 현실에서는 사람들이 전혀 합리적으로 행동하지 않는다. 현실에서는 31일 후 110달러를 선택하기 때문이다. 그 이유는 '지금 당장'과 '내일'을 비교할 경우 지금 당장에 비해 내일은 위험이 내포된 매우 긴 시간으로 받아들여질 수 있는 반면, 30일을 기다린 후 1일을 더 기다리는 경우라면 30일이라는 긴 시간을 기다려야 하기 때문에, 추가로 기다리게 될 1일은 10달러라는 유인이 있어 충분히 기다릴 만한 가치가 있는 것으로 생각한다는 점에서 찾을 수 있다.

이상에서 살펴본 것처럼, 미래할인효과의 출발은 사람들이 시간선호에 있어 일관성이 없다는 것에서부터 시작된다. 이를 극복하고 합리적 선택을 하기 위해서는 미래에 대한 할인이 너무 작아서도 또 너무 커서도 곤란하다. 미래 VS 먼 미래의 선택문제에 있어 미래가치의 할인을 너무 작게 하면 비합리적으로 먼 미래를 선택하기 쉽고, 그 반대인 경우 역시 비합리적으로 가까운 미래를 선택하기 때문이다. 당신은 지금 어떤 선택을 준비하고 있는가?

욕망이 소비로 표현된다

파노플리 효과

명품이나 짝퉁 관련 뉴스나 이슈를 좇다 보면 다소 생소한 파노플리 효과라는 용어와 맞닥뜨리게 된다. '파노플리panoplie'는 프랑스어로 집단set을 의미하는 단어다. 예를 들어, 중세 기사가 착용하는 갑옷과 투구 한 세트 혹은 판지에 붙어 있는 장난감 한 세트를 의미하는 단어이다. 그런데 이 파노플리가 사람들이 어떤 특정 집단과의 연대감을 과시하기 위해 소비하는 특정 제품, 특히 명품 브랜드의 쇼핑 목록을 의미하는 용어로 사용되고 있다.

파노플리는 20세기 프랑스를 대표하는 사회철학자인 장 보드리

고가의 명품

야르Jean Baudrillard가《소비의 사회consumer society》에서 1960년대 프랑스 사람들의 삶을 주로 소비 및 여가 측면에서 분석하면서 처음 정의했다. 그는 상품의 가치를 전통적인 사용가치use value와 교환가치exchange value 외에 신호가치라는 새로운 개념의 가치를 갖는다고 주장하였다. 이때 신호가치는 소비자들이 그 제품이나 서비스를 소비하면서 느끼는 가치를 자신을 그 제품이나 서비스를 소비하는 사람들과 동일한 수준이라는 신호를 보내는 것에서 찾는다. 좀 더 쉽게 설명하면, 명품을 소비하는 소비자들은 자신들이 상류층이라는 신호를 명품 소비를 통해 보내는 것이라는 뜻이다.

어린 아이들은 경찰관 놀이 같은 역할 놀이를 통해 마치 경찰이 된 것 같은 기분을 느끼게 된다. 이런 느낌과 비슷하게 상품, 특히 명품을 소비함으로써 자신도 상류층과 같은 부류라고 여기게 되고, 상류층이 되고자 하는 신분상승의 욕망이 소비로 나타나는 현상이 바로 '파노플리 효과Panoplie Effect'인 것이다.

우리 주변에도 '파노플리 효과'로 설명할 수 있는 다양한 사례들을 쉽게 찾아볼 수 있다. 혹시 '완판녀'라고 들어보셨는가? 잘나가는 드라마나 영화 속에서 유명 배우가 트렌디한 옷이나 소품을 착용하고 나오면 그것은 이내 날개 달린 듯이 팔려나간다. 자신이 그 배우와 똑같은 옷을 입고 똑같은 소품을 들고 다니면 마치 드라마나 영화 속의 주인공이 된 것 같은 기분을 느끼게 된다. 재벌들을 따라서 초고가의 명품브랜드를 구입하는 소비층도 자신도 재벌들과 같아진다고 착각을 하는 것이다.

이러한 소비심리를 이용해 많은 기업들, 심지어 유명 연예인들 개인조차도 각종 마케팅 기법을 활용한다. 기업들은 핫한 유명 연예인들이 제품을 사용하는 이미지를 노출시키고, 이를 통해 소비자들 자신도 그 제품을 사용하면 그 모델처럼 될 수 있을 것이라 기대를 심어주어 구매욕을 상승시키게 만든다. 일부 사람들은 SNS를 통해 유명인들은 어떤 것을 먹고 입는지, 어떤 차를 타는지 궁금해 하고 구경을 하곤 한다. 이런 수요로 인해, 외국의 어떤 유명 연예인은 유료앱을 통해 자신이 사용하는 제품들을 보여주기도 하고, 한국의 한 힙합 뮤지션은 일부러 자신의 재산이나 제품들을 공개적으로 자랑하기도 하는데, 이런 유명인들을 보면서 일부 사람들은 그들 무리 가운데 한번 속해보고 싶다는 생각도 해보게 된다.

고가의 명품 브랜드뿐만 아니라 사회적 이슈가 되고 있는 커피 전문점의 급증, 고급 아웃도어 제품에 대한 수요가 높아지는 현상 등 또한 파노플리 효과의 일종으로 볼 수 있다. 커피 브랜드의 경우에도 매우 비싼 비용은 아니지만 문화적 여유를 즐길 수 있는 자신을 위한 작은 사치small luxury의 도구로서 이용하고, 등산이나 트래킹 용품을 구입하는 소비자들은 가성비만 따지기보다는 주위의 누군가를 따라서 고급 아웃도어 브랜드를 구입하는 경우를 자주 볼 수 있다.

여러분은 합리적 소비가 아닌 파노플리 효과에 지배되고 있지 않은가?

마케팅도 이제는 과학적으로…

뉴로 마케팅

우리 주변에서 흔히 볼 수 있는 설문조사에 응하신 적이 있는가? 우리는 흔히 설문지를 작성하면 커피 쿠폰이나 할인권을 준다든지, 사람들은 음식점 만족도 조사에 응하면 무료 쿠폰의 혜택 등의 이유로 생각보다 많은 조사에 응답하고 있다. 하지만 과연 이런 설문조사에 솔직하게 응답하는가? 쿠폰을 받기 위해 제대로 읽지 않고 답을 하거나 무의식적으로 도덕적으로 올바른 응답을 선택하거나 별 의견이 없어 질문에 대충 응답한 경우도 의외로 있다. 실제로 설문조사에서 응답자의 답변과 소비자의 숨겨진 심리가 다른 경우는 상당히 많다.

자료 : 픽사베이

이는 기업이 진행하는 시장조사에서도 마찬가지이다. 소비자의 니즈를 정확하게 파악해야 하는 기업은 설문조사 외에는 방법이 없을까? 정말 소비자의 진짜 속마음을 알 수는 없을까? 국내외 기업들과 학계에서는 이러한 전통적인 소비자 조사의 한계를 극복할 보다 과학적인 조사방법으로 뉴로 마케팅neuro marketing을 주목하고 있다.

하버드대학교 경영대학교 교수인 제럴드 잘트먼Gerald Zaltman은 무의식적인 소비를 '95%의 법칙'으로 설명했다. "인간의 욕구는 단지 5%만이 겉으로 드러나고 95%는 무의식의 지배를 받는다."고 했다. 그는 인간의 사고, 감정, 학습의 95%는 무의식 상태에서 이루어진다는 것이라 주장했다. 또한 제품력에 상관없이 그 제품이 가지는 이미지나 경험에 몸이 먼저 반응한다는 사실 또한 밝혀냄으로써 뉴로 마케팅의 이론적 기반을 제공했다.

뉴로 마케팅은 신경세포를 뜻하는 '뉴런neuorn'과 '마케팅marketing'

의 합성어로서 신경과학기술을 통해 소비자의 뇌 반응을 측정하여 소비자의 심리나 행동의 매커니즘을 밝히기 위해 신경과학적 시도가 마케팅에 접목한 것이다. 21세기 공학기술이 뇌생리학, 뇌신경학과 만나면서 지금까지의 일발 조사방식으로 설명하지 못했던 인간의 무의식 영역까지 측정할 수 있게 되었다는 점에서 큰 장점을 가지고 있다.

뉴로 마케팅에 대한 연구기법 몇 가지를 소개하면 다음과 같다.

첫째, 동공의 움직임을 파악해 응답자가 자극물의 어느 지점에 시선이 집중되고 움직이는지 파악하는 시선추적Eye Tracking 분석이 있다. 이 장치를 이용해 시선의 위치와 지속 시간, 그리고 시선 간 이동시간도 한눈에 파악이 가능하다.

둘째, 신경계에서 뇌신경 사이에 신호가 전달될 때 생기는 전기의 흐름을 분석하는 뇌파Electroencephalogram: EEG분석이 있다.

'치토스'로 유명한 세계적인 스낵회사 프리토레이의 뇌파 측정은 선진적으로 적용한 사례로 꼽힌다. 프리토레이는 2008년에 치토스 광고를 제작하면서, 소비자들이 치토스의 어느 부분에 강하게 반응하는지 파악하기 위해 뇌파를 측정했다. 분석결과 소비자들은 치토스의 포장지를 봤을 때나 먹는 과정이 아니라, 치토스의 오렌지색 치즈가루에 뇌파가 강렬하게 반응한다는 사실을 발견했다. 치즈 가루가 손가락에 끈적하게 묻어 있을 때 오히려 즐거움을 느낀다는 생각지 못한 결과를 얻게 된 것이다. 이에 프리토레이는 치토스의 포장지를 치즈 가루를 연상시키는 오렌지색으로 디자인하고, '오렌지 언더그라운드Orange underground'라는 광고를 제작했다. 손가락에 묻은 치토스 가루로 결벽증이 있는 직장상사의 이어폰을 더럽히거나 명함에 낙서는 하는 등의 광고 시리즈는 소비자들에게 왠지 모를 통쾌함과 해방감을 안겨주어 큰 반응을 이끌어 냈다.

셋째, 기능성 자기공명영상Functional Magnetic Resonance Imaging: fMRI 분석기술을 통해 뇌의 특정 구역이 활성화되면서, 산소 공급을 위한 혈액량이 증가하는 것을 사진이나 영상을 통해 직접 확인할 수 있게 되었다. FMRI를 이용한 대표적 사례로는 맥클루레McClure 등[101]이 코카콜라와 펩시콜라에 대한 실험을 들 수 있다. 본 실험연구에 들어가기 전에 피실험자들에게 어떤 콜라 브랜드를 좋아하는지 조사한 후, 블라인드 테스트를 시행하여 맛이 더 좋은 쪽을 선택하게 했다. 그 결과, 절반 이상의 피실험자들은 본인이 좋아한다고 사전에 응답한 브랜드가 더 맛이 좋다고 응답했다.

FMRI 분석 결과를 살펴보면, 두 브랜드 음료 맛의 차이는 없었던 것으로 나왔다. 하지만 이후 브랜드 정보를 제공하고 시음하게 했을 때는 확연히 다른 결과를 보여주었다. 펩시콜라보다 코카콜라를 마신 사람의 뇌는 정서, 감정을 담당하는 중뇌midbrain 와 기억을 담당하는 해마hippocampus 가 확연하게 더 활성화되었다. 즉, 코카콜라를 마실 때, 단순히 콜라라는 제품을 소비하는 것이 아니라 코카콜라라는 브랜드높은 브랜드파워가 쾌락중추를 더 반응하게 하고 뇌에 저장된 그 브랜드와 관련된 소비, 기억, 경험들의 정보들을 작동한 것이다. 코카콜라가 야심차게 준비했던 '뉴코크'가 처참하게 실패한 후, 이유를 찾기 어려웠지만 이 연구를 통해 간단하게 풀려 버렸다.

기아자동차의 'K7'이라는 브랜드명이 200명의 뇌분석을 통해 탄생되었다는 사실을 알고 있는가? 기아자동차는 '알뜰신잡'으로도 친숙해진 카이스트 정재승 교수와 함께 소비자로부터 가장 긍정적인 뇌반응을 유도하는 자동차 이름을 찾기 위해 프로젝트를 진행했다. 한국인 100명과 외국인 100명에게 신제품으로 출시될 자동차 사진을 보여주고 각종 숫자와 알파벳을 조합한 알파뉴메릭Alphanumeric 방식의 이름들이 어떤 단어와 어울리는지 선택하게 했다. 실제 선택한 답안 외에도 어떤 항목에서 오랫동안 시선이 머물렀는지도 시선추적 방법으로 분석했다. 최종 브랜드 후보군에 오른 알파벳 중 최종적인 선택을 위해 FMRI로 피실험자의 뇌반응을 측정한 결과, K를 보는 동안 긍정적인 브랜드 평가를 담당하는 중전두엽medial prefrontal cortex이 활발하게 활동하는 것이 관찰되었다. 이러한 분석기술을 통해 최종적으로 'K7'이라는 브랜드가 탄생되었다.

기업은 차별화된 제품과 서비스로 고객을 만족시켜야 한다. 이를 위해 다양한 서베이와 FGIFocus Group Interview, 그리고 실험 등을 통해 소비자의 마음속을 들여다보려 하지만, 소비자들은 솔직하지도, 또한 자신이 한 경험을 말로 표현하는 데 서툴다. 그래서 직접 경험하는 동안 느낀 것을 분석하는 데 있어서 뉴로 마케팅이 상당히 효과적이다. 오늘날의 초경쟁 시대에 기업 간의 미세한 차이는 커다란 경영성과의 차이로 나타날 수 있다. 소비자의 심리를 이해하고 분석하기 위한 기업 간의 노력은 더욱더 치열해질 것이며, 이에 따라 뉴로 마케팅에 관심을 갖는 기업들은 더 늘어날 것이다.

참고문헌

1   Rosenthal, R.; Jacobson, L. (1968). Pygmalion in the Classroom. New York: Holt, Rinehart & Winston.

2   Eden. D (1992), Leadership and expectations: Pygmalion effects and other self-fulfilling prophecies in organizations, Leadership Quartley, Volume 3, Issue 4, p.271~305

3   한규석(1995), 《사회심리학의 이해》, 학지사

4   Goffman, E. (1963). Stigma: Notes on the management of spoiled identity. Englewood Cliffs, N.J: Prentice-Hall.

5   이부영(1992), 정신질환자 낙인의형성과정과 그 역사적 조명, 《춘계학술대회 자료집》, 대한사회정신의학회

6   Rashid, N.A (2007), Awareness of eco-labe in Malaysia's green marketing initiative, International Journal of Business and Management, Vol 4, No. 8, pp.132~141

7   Rahbar, E., Wahid, N.A.(2011), Investigation of green marketing tools' effect on consumers' purchase behavior, Business Stragegy Series, Vol. 12(2), pp.73~83

8   김광석·정인환(2011), 녹색성장정책이 소비자태도에 미치는 영향에 관한 연구: 탄소레이블링 정책에 대한 고객만족모형을 중심으로, 《환경정책》제19권, 제4호, pp.49~72

9   Leibenstein, H,, 1950, Bandwagon, Snob and Veblen effect in theory of consumer's demand, Quarterly Journal of Economics, 64, pp.183~207

10   Minas N. Kastanakis, & George Balabanis(2014), Explaining variation in conspicuous luxury consumption : An individual differences' perspective., Journal of Business Research, 67, pp.2147~2154

11   조은아·김미숙(2004), 청소년의 과시소비성향에 따른 수입명품 및 유명브랜드 의류제품에 대한 태도 및 구매행동, 《한국의류학회지》, 한국의류학회 28(1), pp.76~87

12 Gerald Zaltman(2003), How Customers Think: Essential Insights into the Mind of the Market, Harvard Business School Press, February, 2003

13 Kirsch, Irving & Sapirstein, Guy (1998), Listening to Prozac but Hearing Placebo : A Meta-Analysis of Antidepressant Medication, Prevention & Treatment Volume 1(2).

14 Hill, S. E., Rodeheffer, C. D., Griskevicius, V., Durante, K., & White, A. E. (2012), Boosting beauty in an ecocomic decline : Mating, spending, and the lipstick effect, Journal of Personality and Social Psychology 103(2), pp.275~291

15 Festinger, L.(1957), The Theory of Cognitive Dissonance, Stanford, California : Stanford University press.

16 이동원·박옥희(2003), 《사회심리학》, 학지사

17 Brehm, J. W.(1962), An Experiment in Coercion and Attitude Change, In, Brehm, J. W., and Cohen, A. R., Exploration in Cognitive Dissonance, N.Y.:Wiley

18 Steve Mckelvey(1993), NHL v. PEpse-Cola Canada, Uh-Huh! Legal Parameters of Sports Ambush Marketing, Ent & Sports Law, Fall, p.5

19 박지현(2003), 엠부시마케팅의 법률적인 고려 : The Lanham Act를 중심으로 스포츠 이벤트와 지적재산권, 《연세학술논집》Vol.38

20 Schwartz, B, The paradox of choice: Why more is less, New York: HarperCollins., 2004

21 Arkes, H.R, Dawes, R.M., &Christensen, C(1986), Factors influencing the use of a decision rule in a probabilistic task, Organazational Behavior and Human Processes, pp.93~110

22 Hall, Lynn Ariss, Alexander Todorov(2007), The illusion of knowledge: When more information reduces accuracy and increases confidence, Organizational Behavior and Human Decision Processes 103, pp.277~290

23 Langer, E(1975), The illusion of control, Journal of Personality and Social Psychology, Vol. 32, pp.311~328

24 Plous, S(1993), The psychology of judgment and decision making, New York: McGraw-Hill

25 Ladouceur, R., & Walker, M. (1996). A cognitive perspective on gambling. In P. M. Salkoskvis (Ed.), Trends in cognitive and behavioural therapies, New York: Wiley, pp.89~120

26 Michalczuk, R., Bowden-Jones, H, Verdejo-Garcia, A., & Clark, L. (2011). Impulsivity and cognitive distortions in pathological gamblers attending the UK National Problem Gambling Clinic: a preliminary report. Cambridge University, 41(12).

27 이준기 · 이지혜(2007), 인터넷의 다이나믹 프라이싱 구매방식에서의 가격차별화에 대한 구매자의 가격공정성 인지에 관한 연구, 《한국IT서비스학회지》제6권 제2호, 한국IT서비스학회, pp.19~33

28 Moore, D. and P. Healy(2007), The trouble with Overconfidence, Working Paper

29 Nofsinger, J.(2005), The Psychology of Investing, Pearson Prentice Hall.

30 Kahneman, Daniel(2011), Don't Blink! The Hazards of Confidence. New York Times

31 Plous, S(1993), The psychology of judgment and decision making, New York, McGraw-Hill

32 Nofsinger, J.(2005), The Psychology of Investing, Pearson Prentice Hall.

33 Baron J(1998), Judgement misguided : Intuition error in public decision making, New york oxford university press

34 Tversky, A. and Kahneman, D.(1974) Judgement under uncertainty : Heuristics and biases, Science 85, pp.1124~1131

35 Matlin, Margaret(2009). Cognition. Hoboken, NJ, John Wiley & Sons, Inc, p.413

36 Tversky, A and Kahneman(1973), Availability: A heuristic for judging frequency and probability. Cognitive Psychology 5 (1), pp.207~233

37 Esgate, Groome, A, D(2004), An Introduction to Applied Cognitive Psychology, Psychology Press

38 Tversky, A. and Kahneman, D(1974), Judgement under uncertainty : Heuristics and biases, Science 185, pp.1124~1131

39 Shefrin. H(2000), Beyond Greed and Fear : Understanding Behavioral Finance and the Psychology of Investing, Oxford University Press, NY

40 Ariely, D., G. Loewenstein and D. Prelec(2004), Coherent Arbitrariness : Stable Demand Curves Without Stable Preferences, Quarterly Journal of Economics, Vol. 112, No. 4, pp.471~491

41 Kahneman, Daniel, and Amos Tversky(1979), Prospect Theory: An Analysis of Decision under Risk, Econometrica, Vol 1. 47, No.2, pp.263~292

42 Sherif, M(1936), The Psychology of Social Norms, NY : Harper and Brothers

43 Cukierman, A(1989), Asymmetric Information and the Electroral Momentum of Public Opinion Polls, Mimeo, Princeton University

44 Arkes, H. R., & Blumer, C(1985), The psychology of sunk cost", Organizational Behavior & Human Decision Processes, 35, pp.124~140,

    Staw, B., M(1976), Knee-deep in the big muddy: A study of escalating commit-ment to a chosen of action, Organizational Behavior and Human Performance, 16, pp.27~44,

    Thaler, R. H(1980), Toward a positive theory of consumer choice, Journal of Economic Behavior and Organization, 1, pp.39~60.

45 Soman, D(2001), The mental accounting of sunk time costs: Why time is not like money, Journal of Behavioral Decision Making, 14, pp.169~185

46 Tversky, Amos and Daniel Kahneman(1981), The Framing of Decisions Making and The Psychology of Choice, Science 211(4481), pp.453~458

47 Kahneman, Daniel and Amos Tversky(1984), Choices, Values, and Frames, American Psychologist 39, pp.341~350

48 Thaler, Richard H(1999), Mental Accounting Matters, Journal of Behavioral Decision Making 12, pp.183~206

49 Kahneman, Daniel, and Amos Tversky(1979), Prospect Theory: An Analysis of Decision under Risk, Econometrica, Vol 1. 47, No.2, pp.263~292

50 Metzger, M. A(1985), Biases in Betting : An Application of Laboratory Findings, Psychological Report 56, pp.883~888

51 Thaler, Richard H(1985), Mental Accounting and Consumer Choice, Marketing Science Volume 4, pp.199~214

52 Kahneman, Daniel, and Amos Tversky(1979), Prospect Theory: An Analysis of Decision under Risk, Econometrica Vol 1. 47, No.2, pp.263~292

53 Kahneman, D., Knetsch J. L., & Thaler, R. H(1991). The Endownment Effect, Loss Aversion, and Status Quo Bias. Journal of Economic Perspectives, 5(1), pp.193~206.

54 knetsch Jack L(1989), The Endowment Effect and Evidence of Nonreversible Indifference Curves, The American Economic Review Vol 79, No. 5, pp.1277~1284

55 Samuelson, William, Zeckhauser Richard(1998), Status quo bias in decision making, Journal of Risk and Uncertainty 1, pp.7~59.

56 Wason, P. C(1960), On the failure to eliminate hypotheses in a conceptual task, Quarterly Journal of Experi- mental Psychology, 12, pp.129~140.

57 Shafir Eldar, Diamond Peter, Tversky Amos(1997), Money Illusion, The Quarterly Journal of Economics Vol 112, No.2, In Memory of Amos Tversky, pp.341~374

58 Shafir Eldar, Diamond Peter, Tversky Amos(1997), Money Illusion, The Quarterly Journal of Economics, Vol 112, No.2, In Memory of Amos Tversky, pp.341~374

59 Wood. G(1978), The knew-it-all-along effect, Journal of Experimental psychology : Human perception and performance 4, pp.345~353

60 최인철(2003), 《생각의 지도》, 김영사

61 Fischhoff, B. & Beyth, R(1975), I Knew it would happen-remembered probabilities of once-future thing, Organizational behavior and Human Performance 13, pp.1~16

62 Bond-Raacke, J. M, Fryer, L. S. Nicks, S. D., & Durr, R. T(2001), Hindsight Bias Demonstrated in the Prediction of a Sporting Event, Journal of Social Psychology 141(3), pp.349~352

63 Von Neumann, J., and Morgenstern, O(1944), Theory of Games and Economic Behavior, New York: Wiley

64 Tversky, Amos(1996), Contrasting Rational and Psychological Principles of Choice. In R. J. Zeckhauser, R. L. Keeney, and J. K. Sebenius(Eds.), Wise Choices: Decisions, games, and Negotiations, Boston: Harvard Business School Press, pp.5~21.

65 Bettman James R., Luce Mary Frances, Payne John W(1998), Constructive Consumer Choice Processes, Journal of Consumer Research 25, pp.187~217

66 Lichtenstein, S. and Slovic, Paul(1971), Reversal of Preference Between Bids

and Choices in Gambling Decisions, Journal of Experimental Psychology 89, pp.46~55

67 Zeelenberg, M(1996), On the Importance of What might have been : Psycholog-ical Perspectives on Regre and Decision Making, Ph. D. Dissertation, University of Amsterdam

68 Zeelenberg, M(1999), Anticipated Regret, Expected Feedbank and Behavioral Decision Making, Journal of Behavioral Decision Making 12, pp.93~106

69 Kahneman, D., & Tversky, Amos(1982), The Simulation Heuristics. In D. Kahneman, P. Slovic, & A. Tversky (Eds), Judgement under Uncertainty : Heu-ristics and Biases, pp.201~208

70 ahneman D, Miller, D. T(1986), Norm Theory : Comparing Reality to its Alterna-tives, Psychological Review 93, pp.136~153

71 Loomes, G., Sugden, R(1982), Regret Theory : An Alternative Theory of Rational Choice under Uncertainty, The Economic Journal 92, pp.805~824

72 Asch, S. E(1946), Forming impressions of personality, Journal of Abnormal and Social Psychology 41, pp.258~290

73 Huber, Joel, Payne, John W., and Puto, Christopher(1982), Adding Asymmetri-cally Dominated Alternatives: Violation of Regularity and Similarity Hypothesis, Journal of Consumer Research Vol. 9(June), pp.90~98.

74 김윤태(2009), 대안의 변화에 따른 소비자선택과 집단 유인효과에 관한 연구, 한양대학교 박사학위논문

75 Simonson. Itamar(1989), Choice Based on Reasons : The Case of Attraction and Compromise Effects, Journal of Consumer Research 16, pp.158~174

76 Simonson. Itamar and Amos Tversky(1992), Choice in Context ; Trade off Contrast and Extremeness Aversion, Journal of Marketing Research 29, pp.281~295

77 Tversky Amos and Daniel Kahneman(1991), Loss Aversion in Riskless Choice : A Reference Dependent Model, Quarterly Journal of Economics 106(November), pp.1040~1061

78 Alba. Joseph, and J. Wesley Hutchinson(1987), Dimension of Consumer Expertise, Journal of Consumer Research 13, pp.411~454

79 김동연 · 정재권(1980), 후광효과에 의한 교육평가의 오류문제, 《학생지도연구》제4권 1호, pp.73~85

80 Harrell, Gilbert D(1986), Consumer behavior, Harcourt Brace Jovanovich, San Diego

81 Hawkins, D. I., Best, R. J. and Coney, K. A(1992), Consumer Behavior, Fifthed, Irwin

82 이학식 · 안광호 · 하영원(1997), 《소비자행동》, 법문사

83 Schiffman, L. G., & Leslie, L(1992), Perceived risk in new product trial by consumer, Journal of Marketing Research 9(1), pp.106~108

84 https://www.researchgate.net/profile/John-Lynch-7/publication/246803611_Memory_and_Decision_Making/links/00b7c52bca4b398c7a000000/Memory-and-Decision-Making.pdf

85 박현수·안보섭(2006), 지상파TV 광고 위치와 순서에 의한 노출효과 차이분석, 《광고학연구》Vol.17 No.1

86 Asch,S.E(1995), Opinions and Social Pressure, Scientific American, 193, pp.31~35

87 Higgins, E. T., Shah, J. Y., & Friedman, R(1997), Emotional responses to goal attainment : Strength of regulatory focus as moderator, Journal of Personality and Social Psychology 72, pp. 515~525

88 여준상 · 송환웅(2007), 자기조절초점과 제품 유형이 비교 광고 노출에 따른 소비자 반응에 미치는 영향, 《광고연구》겨울, pp. 95~118

89 Higgins, E. T(1997), Beyond pleasure and pain. American Psychologist 52(12), pp.1280~1300

90 Zhou, Rongrong., & Michel Pham(2004), Promotion and Prevention Across Mental Accounts: When Financial Product Dictate Consumers' Investment Goals, Journal of Consumer Research 31(June), pp.125~135

91 Higgins, E. T(1998), Beyond Pleasure and Pain, American Psychologist, Journal of the Academy of Marketing Science 52(12), pp.1280~1300

92 김경미 · 류강석(2008), 소비자의 조절초점과 팽창가격 할인광고의 효과, 《마케팅연구》204(December)

93 나준희(2008), 보상 프로그램 평가에 있어서 조절동기의 효과, 《경영학연구》37(6), pp.1550~1551.

94 Liberman, Nira, Lorraine C. Idson, Christopher J. Camacho & E. Tory Higgins(1999), Promotion and Prevention Choices between Stability and Change, Journal of Personality and Social Psychology 77(6), pp.1135~1145

95 Chernev, A(2004), Goal Orientation and Consumer Preference for the Status Quo, Journal of Consumer Research Vol 31, pp. 557~565

96 Hsee ,Fang Yu, Jiao Zhang, and Yan Zhang(2003), Medium Maximization, Journal of Consumer Research 33(September), pp. 273~282

97 이병기(1995), 제조업부문의 연구개발과 생산성 관계분석 ; 민간과 정부의 연구개발효과, 《한국경제연구》22, 성균관대학교 경제연구소, pp.27~45

98 Samuelson, P(1937), A Note on Measurement of Utility, Review of Economic Studies 4, pp.155~161

99 Loewenstein, G., Prelec, D(1992), Anomalies in Intertemporal Choice: Evidence and an Interpretation, The Quarterly Journal of Economics Vol. 107(2), pp.573~597

100 Thaler, R(1981), Some empirical evidence on dynamic inconsistency, Economics Letters Vol. 8(3), pp.201~207

101 McClure, S. M., Li, J., Tomlin, D., Cypert, K. S., Montague, L. M., & Montague, P. R(2004). Neural Correlates of Behavioral Preference for Culturally Familiar Drinks. Journals & Books, 44(2), pp.379~387.